창업,
포도나무
플   랜

창업, 포도나무 플랜

초판 1쇄 발행 2021년 11월 1일

지 은 이   이병은
발 행 인   권선복
편   집   유수정
디 자 인   최새롬
전 자 책   오지영
발 행 처   도서출판 행복에너지
출판등록   제315-2011-000035호
주   소   (157-010) 서울특별시 강서구 화곡로 232
전   화   0505-613-6133
팩   스   0303-0799-1560
홈페이지   www.happybook.or.kr
이 메 일   ksbdata@daum.net

값 16,000원
ISBN 979-11-5602-922-9 13320

도서출판 행복에너지는 독자 여러분의 아이디어와 원고 투고를 기다립니다. 책으로 만들
기를 원하는 콘텐츠가 있으신 분은 이메일이나 홈페이지를 통해 간단한 기획서와 기획의
도, 연락처 등을 보내주십시오. 행복에너지의 문은 언제나 활짝 열려 있습니다.

창업,
포도나무
플 랜

이병은 지음

사업 시작은 **어떻게** 할까?

도서
출판 행복에너지

손주은(메가스터디 회장)

이제는 부모세대 경험이 통하지 않는 시대가 되어가고 있다. 실업률은 사상 최고를 찍었고, 명문대 출신들마저 공무원 학원가로 몰린다. 설상가상으로 4차 산업 혁명까지 불어오면서 일자리를 찾아 전전하는 이들의 수가 점점 증가하고 있다. 이제 대학간판이 취업을 해결해 주는 시대는 끝난 것이다.

이제는 자신이 발 벗고 나서야 한다. 누군가 자신을 고용해 주기만을 기다리지 말고 스스로 고용주가 되어야 한다. 창업은 나만의 인생을 개척하는 일이다. 그러나 세상에 어디 쉬운 일이 있는가. 온갖 시행착오 끝에 결국 좌절하는 이들도 그동안 적지 않게 보아왔다. 이는 창업에 대한 지식과 실행력이 부족하기 때문이었다. 창업 초보자들은 더욱 그렇다. 그러니 탄탄한 준비가 중요하다.

지난 10월 '행복경영' 조찬 포럼에서 이병은 작가와 우연히 만났다. 그때 당시 그는 내게 창업관련 책을 준비하고 있다고 말했다. 그랬던 그의 책이 드디어 탄생했다. 이병은 저자의『창업, 포도나무 플 랜』은 성공사례를 반복적으로 언급하며 사업에 대한 방법과 전략을 담아내고 있다. 나는 이 책에서 제시하고 있는 일명 '포도나무 전략' 이 낯설지 않다. 나 역시 이와 같은 방법으로 사업을 꾸려왔기 때문 이다.

나는 소수의 학생들을 대상으로 가르쳤다. 많은 학생 숫자에 욕 심을 두기보단 몇 명의 소수에게 투자함으로써 집중의 효과를 노렸 다. 이것은 이병은 저자가 제시한 '포도나무 전략'과 흡사하다. 내가 가르쳐온 수많은 학생들이 '4천5백 송이 포도나무'의 씨앗들이 된 셈 이다. 이렇듯 선택과 집중이 더 많은 것을 가져올 수 있다. '메가스 터디'는 그간 입시 사교육이라는 바운더리 안에서만 사업을 해왔다. 하지만 이제는 창업이라는 새로운 교육 영역을 찾아 도전을 하고 있 다. 이 비전에 공감하는 착한 인재들을 기다린다. 여기에서 말하는 착한 인재란 자기 자신에 대해 근본적으로 성찰할 줄 아는 사람, 혁 신을 고민하며 미래에 대한 비전을 고민하는 안목 있는 사람을 뜻한 다.『창업, 포도나무 플랜』에서는 내가 말하는 착한 인재들이 등장 한다.

바야흐로 백세 시대다. 보다 건실한 노후를 꿈꾸는 모든 '착한 인 재'들에게 있어 창업이라는 길은 더없이 매력적이면서 동시에 어려 움을 각오로 하는 일일 것이다. 이 책과 함께한다면 4천5백 송이의 포도나무와 같은 수확물을 얻을 수 있으리라. 이 책을 읽는 독자들 의 창업농사가 부디 풍년을 맞이할 수 있기를 진심으로 기원한다.

고창의 희성농장 입구에는 정자가 있다. 정자에 한 남성이 앉아 있었다. 그는 한눈에 보기에도 여느 농부와는 조금 달라 보였다. 농사용 작업복이 아닌 깔끔한 외출복을 입고 있었기 때문이다. 그 모습은 농부라기보다는 록스타에 가까워 보였다. 그렇다. 나는 지금 농부가 아닌 록스타를 만나기 위해 자동차로 1시간 넘게 달려온 것이다.

내가 희성농장을 찾아온 이유는 포도농법을 배우기 위해서가 아니다. 4천5백 송이 포도나무 플랜으로 사업을 시작하기 위해서다. 그즈음 나는 '창업, 4천5백 송이 포도나무 플랜으로 하라'라는 제목으로 책을 쓰고 있었다. 책이 마무리되어 갈 무렵 꼭 포도 농가를 만나야겠다고 생각했다.

나는 차를 멈춰 세우고 창문을 내려 인사했다. 그러자 그가 내게 무슨 일로 오셨느냐고 물었다. 떨리는 순간이었다. 차에서 내려 정식으로 인사하고 명함을 건넸다. 드디어 나는 고창 희성농장에 들러 4천5백 송이 포도밭을 구경하고 있었다.

희성농장의 도덕현 농부는 나와 아내에게 최선을 다해 설명해 주었다. 한창 더운 초여름 날씨였다. 포도송이가 익으려면 시간이 한

참 더 남아있었다. 포도농가에 관한 설명을 들으며 비닐하우스에 들어갔다. 도덕현 농부의 키 높이에 맞게 뻗어간 포도나무 줄기는 내 키보다 높이가 낮았다. 고개를 숙이고 돌아다녀야 했다.

비닐하우스 옆면에는 현수막이 걸려있었다. 현수막엔 이렇게 씌어있었다. "하고자 하는 사람은 방법을 찾고 하기 싫은 사람은 구실을 찾는다." "하下농은 열매만 가꾸고 상上농은 토양을 가꾼다." "못할 일도 안 될 일도 없다. 지금 시작하라." 좋은 말들이었다.

몇 그루 포도나무를 지나 비닐하우스 마지막에 다다르니 제일 큰 포도나무 기둥이 보였다. 그 기둥을 따라가 보니 포도나무 줄기가 펼쳐져 있었다. 끝이 어디인지 보이지 않을 정도였다. 넓은 면적을 차지하고 있는 포도나무는 한 동의 비닐하우스 면적으로 커버하기에는 버거워 보였다. 포도나무 가지가 옆 동의 비닐하우스까지 뻗어나가 있었다. 엄청나게 뻗어나간 줄기를 보면서 연신 '와!' 하고 감탄사가 나왔다. 10년 넘게 키워온 포도나무 아닌가! 도덕현 농부의 포도나무 사랑이 느껴지기 시작했다. 마치 자식을 돌보듯 온갖 정성으로 포도나무를 키워온 것이다. 도덕현 농부는 자신의 포도 농법과 그에 따른 철학을 설명해 주었다. "이 한 그루에서 4천5백 송이 포도가 열립니다. 이 나무에서 열리는 포도는 이미 이천만 원에 판매 계약이 되었습니다." "유튜브 구독 신청을 해보세요." "쌀농사를 짓는 농부는 애국자라고 불러야 합니다. 쌀농사는 투자한 비용 대비 소득이 너무 적은데도 식량을 지키니까요." 나는 그의 이런 말들을 귀담아들었다.

이 책은 창업을 준비하고 있거나, 전문직 개업을 준비하고 있는 사람들을 위한 책이다. 또한 나의 현재 모습이기도 하다. 물론 법무사로 성공하는 것이 나의 최종적인 목적은 아니다. 어쩌면 법무사는 아이템을 찾아 사업을 시작하기 위해 중간 단계에 겪어야 하는 직업이 될 수도 있다. 사업을 시작하기 위해서는 돈이 필요하니 돈을 마련하기 위해 당연히 성공해야 할 직업일 수도 있다. 지금은 작지만 큰 꿈을 꾸며 나의 사업계획을 그려가고 있다.

어쩌면 이 책에 쓰여있는 내용은 나 자신에게 전하는 다짐일 수도 있다. 물론 독자를 염두에 두고 쓴 책이다. 당신이라는 호칭으로 이야기를 전개하고 있지만, 한편으론 나 자신을 향한 말이기도 하다. 이 책을 쓰면서 나에게도 의문이 일었다. 한 번도 창업을 해보지 않았고, 법무사 개업도 해보지 않은 내가 과연 이 책을 쓸 자격이 있을까라는 의문이었다. 그것은 회의감이기도 했다. 하지만 그럼에도 나는 이 책을 쓸 수밖에 없었다. 사업을 단 한 번도 해본 적 없는 이들이 떠올랐기 때문이다. 나와 같은 과정을 겪을 이들을 생각하면 책을 쓰지 않을 수가 없었다. 나는 예비 창업자와 예비 법무사를 위해 이 책을 썼다.

나는 그간 읽었던 책에서 내가 느끼고 실천하고자 했던 내용을 최대한 담아내려고 노력했다. 글로 풀어내는 일은 쉽지 않은 작업이었다. 그러나 핵심내용은 간단하다. 사업은 계획이 있어야 한다. 그 계획은 4천5백 송이 포도나무 플랜이다. 포도를 재배하는 농부처럼 선택과 집중을 해야 성공확률을 높일 수 있다는 얘기다.

성공하기 위해서는 사업 범위를 특정지어야 한다. 잘할 수 있고 자신 있게 할 수 있는 분야를 찾아 사업을 시작해야 한다. 너무 많은 것을 하려고 하면 생존의 덫에 빠져 성공은 멀어진다. 고객은 당신 사업을 일으킬 키를 가지고 있다. 그들을 만족시키지 못하면 사업은 성공할 수 없다. 고객을 만족시키는 일이 사업의 핵심이라고 할 수 있다. 그러나 고객을 특정지어야 가능한 일이다. 모든 고객을 만족시킬 수는 없다. 특정 고객을 정하고 그들을 만족시키는 방법을 설명하려고 최대한 노력했다.

나는 한때 주식투자로 돈을 벌기도 했다. 한 종목에 10년간 투자해 괜찮은 수익률을 올려보기도 했다. 또한, 책 읽는 것이 좋아 10년간 책 속에 빠져 행복한 날을 보내기도 했다. 큰아들은 중학교 3학년 때 골프를 시작해 고등학교 졸업하던 해 무더운 여름날 KPGA 프로가 되었다. 돈이 많이 드는 과정이었지만 도전하였고 포기하지 않았기에 가능한 일이었다. 이제는 나를 위해 사업이라는 새로운 도전을 하고자 한다.

부모님이나 아내에게 편지 한 통 못 썼던 내가 책을 썼다. 그동안 전북 카네기 클럽에서 활동하면서 많은 CEO분들을 만났다. 불가능을 가능으로 바꾸는 힘은 결국 도전정신이다. 또한 포기하지 않는 불굴의 의지, 끈기 역시 변화를 가능케 하는 힘이다.

두재균 총장님, 전북 카네기 클럽 유길문 지사장님, 오경미 작가님에게 감사드린다. 그분들은 내게 힘과 용기를 북돋아 주는 든든한 조력자와 같은 분들이었다. 그리고 마지막으로 아내에게 감사한다. 아내는 20년 동안 변화무쌍한 나를 참아내며 지켜봐 주었다. 어려움과 고난을 함께 나누면서 우리의 정은 더욱 깊어지고 돈독해졌다. 그녀의 인내심과 헌신, 그리고 변함없는 사랑이 없었다면 오늘의 나는 없었을 것이다. 근영과 강원, 두 아들에게도 고맙고 사랑한다는 말을 전하고 싶다. 가족이 내게 건네준 희망을 품고 이 책을 전하고 싶다.

2019년 11월

2쇄 발간에 부쳐

4500송이 포도나무 플랜을 갖고 '포도나무 법무사' 개업을 한 지 2년이 되어간다. 처음 시작을 보면 극적이었다. 개업을 하고 2개월 차에 접어드니 코로나가 창궐했다. 위기가 터진 것이다.

사람을 만나 영업을 해야 하는데 만날 수가 없었다. 더구나 사무실은 법원 근처 법조타운이 아닌 전주 신시가지 외곽 완주 로컬푸드 매장 부근에 자리했다. 지금 생각해보니 그것이 기회였다. 동종업계가 몰려있는 곳에 자리했으면 같이 탄식만 했을 텐데.

나는 온라인 쪽 광고에 집중했다. 사무실 위치를 '네이버' 등에 지도등록을 했다. 그리고 홈페이지와 카페를 만들었다. 이어서 '포도나무 법무사 TV' 유튜브를 시작했다. 또 지인의 추천으로 신문 칼럼을 썼다. 칼럼을 활용해서 페이스북에 사진을 올리고 블로그에 글을 썼다. 기존업계와 다른 영업과 홍보방식이 눈에 띈 걸까? 대한법무사협회에서 화제의 법무사에 선정되어 인터뷰를 하고, 지역사회 경제단체 의뢰로 조합설립에 대한 강의도 했다. 모든 일이 꿈만 같다. 하고자 하는 사람에게 기회가 오는 법이다.

대부분의 사업자도 열심히 노력한다. 하지만 평범하고 특별하지도 않게 어제와 같은 방식으로 사업이 계속된다면 발전이 없다. 사업을 성공적으로 키워나가기 위해서는 강력하게 끌어당기는 힘이 있어야 한다. 전략이 특별해야 한다는 것이다.

『창업, 포도나무 플랜』이란 내 책이 그 누구도 아닌 내게 마법의 힘을 발휘했다. 지금은 이 전략이 먹혀들고 있다. 숨 가쁘게 지나온 1년 반이지만 놀라운 일이 벌어지고 있다.

책에 언급한 대로 법인 고객을 대상으로 주된 영업을 하고 있다. 그리고 주경야독으로 배운 창업경영대학원 수업이 법인고객 경영 컨설팅에 많은 도움이 되었다.

3년이 안된 초보 법무사인데도 법무사와 세무사를 개업하려는 현직 공무원이나 예비 법무사가 가끔씩 나를 찾곤 한다. 그것은 아마도 내가 그들에게 롤모델이 되지 않았나 싶다. 누구나 새로운 일을 계획할 때 두려움이나 떨림이 있기에 그들은 한결같이 내 책과 유튜브, 블로그를 접하고 많이 도움이 되었다고 한다.

영업 고객유치 뿐만 아니라 전문 사무실을 열려는 사람에게도 도움이 되었다니 정말 감사할 따름이다.

창업경영컨설팅을 보다 전문적으로 구체적으로 하고 싶어서 '포도나무 컨설팅' 회사를 별도로 오픈했다. 먼저 법무사 개업을 생각하고 있는 예비 법무사를 위해 컨설팅을 준비하고 있다. 내가 해왔던 과정을 매뉴얼화 해서 코칭을 한다면 많은 도움이 될 거라 생각되기 때문이다.

누구나 창업을 하거나 개업을 마음먹었다 해도 처음은 두려울 것이다. 또 주변에서는 코로나 호전 등 경기가 좋아지기를 기다려라 할 것이다. 하지만 현 상황이 문제일까?

실행했을 때 분명 우리에게 기회가 온다. 실행하지 않으면 기회는 오지 않는다. 또한 방향을 분명하게 잡아야 한다. 실행하고 오류를 발견했다면 수정하면 된다. 그러나 시도하지 않으면 아무것도 이뤄지지 않는다.

경제적으로 여유 있고 인생을 즐기며 사는데 목적이 있는 사람들에게는 나의 책과 개업 스토리가 필요 없을 것이다. 나는 그런 사람을 위해서 책을 쓰지 않았다. 어제와 다른 미래를 계획하고 새로운 기회를 찾고자 하는 사람들에게 희망을 주고자 개업 후 썼던 칼럼을 수록하였다. 책 서문을 다시 쓰게 된 것을 기쁘게 생각한다. 내가 늘 상 마음에 지니고 다니는 말이 있다. 그 말을 떠올리며 이 글을 마치려 한다.

"아무것도 하지 않으면 아무 일도 일어나지 않는다."

2021. 08. 30

Contents

1부   **왜 지금인가**

2부

전문분야를 찾아라

3부

포도나무에 접을 붙여라

4부 스토리를 만들어라 (마케팅)

5부 태풍과 병충해에 대비하라

6부

새로운 시작

왜 지금인가

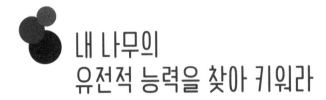

내 나무의
유전적 능력을 찾아 키워라

포도 4천5백 송이의 기적

먼저 4천5백 송이의 포도나무에 관한 이야기를 소개해야겠다.

전북 고창군 성송면 월계마을에서 포도농사를 짓고 있는 도덕현 농부는 생애 최고의 순간을 맛봤다. 포도나무 한 그루에 무려 4천5백 송이가 주렁주렁 매달린 포도를 수확했기 때문이다. 성공적인 결과였다.

도덕현 농부가 이처럼 성공을 거머쥘 수 있었던 이유는 무엇일까. 그의 거대한 포도나무 재배 방법을 들여다보자. 그가 시도한 첫 번째 방법은 포도나무 묘목을 찾는 일이었다. 묘목이 좋아야 거대한 포도나무로 잘 자랄 수 있기 때문이다. 좋은 묘목으로 시작해야 뛰어난 품질의 수천 송이 포도가 열릴 것이 분명했다. 수많은 시도 끝에 찾은 것이 유럽산 야생포도나무 묘목이었다. 도덕현 농부는 이 묘목을 구해 재배를 시작했다.

수백 개의 포도나무 묘목에서 상태가 좋지 않은 것은 솎아냈다. 최종적으로 몇십 그루의 묘목이 남았다. 어떻게 하면 한 그루에서 수천 송이의 포도가 열리게 할 수 있을까? 결국은 선택과 집중이 성공의 확률을 높이는 방법이었다. 크게 뻗어가는 뿌리가 필요했다. 줄기기능이 건강하고 크게 자라날 묘목을 찾아 접을 붙여 재배를 시작했다. 처음엔 가지치기를 하지 않고 줄기가 그냥 계속 잘 자라도록 놓아두면서 재배 방법을 터득해 갔다. 뿌리도 건강하고 길게 자라야 했다. 뿌리가 땅속 깊이 들어가는 데에는 한계가 있었을 것이다. 뿌리가 땅 옆으로 길게 뻗어 나아가야 했다. 이쯤에서 농부의 말을 들어보자. "1미터 떨어진 곳에 물을 주고 또 시들면 더 멀리 물을 주고 해서 이 나무가 가지고 있는 유전적 능력을 키웠습니다. '뿌리가 뻗어 나와서 너희가 물을 먹어라. 내가 갖다주지 않겠다.' 어려서부터 이렇게 교육을 시켰습니다."

그는 나무의 뿌리를 건강하고 길게 키워 40미터까지 자랄 수 있게 했다. 비법은 유기농 재배방법에 있었다. 농약이나 화학비료는 일체 사용하지 않고 뿌리가 잘 자랄 수 있도록 친환경 유기농 농법으로 재배한 것이다. 쌀겨, 보리겨, 버섯 배지, 표고버섯 배지, 깻묵, 밀기울, 전복껍질 가루, 두부 비지, 대나무와 참나무 톱밥, 옥수수 씨눈 등을 사용해 토양을 관리했다. 그 결과 이제 수천 송이의 포도나무는 꿈이 아니라 현실이 되어가고 있었다. 선택과 집중은 많은 것을 얻게 해준다. 꾸준한 노력은 수많은 시련을 극복할 수 있게 했다. 드디어 자신만의 특별한 포도 농법을 가지게 된 것이다.

한 분야에 집중하고 몰입해서 얻은 성과는 사람들을 놀라게 한다. 그 분야에서 오랫동안 포기하지 않고 지속했기 때문에 성과를 낼 수 있는 것이다. 때론 미래에 대한 두려움으로 인해 지치고 힘들 때도 있다. 하지만 도덕현 농부는 성공했다. 꾸준하게 목표를 향해 달려갈 수 있었던 이유는 자신의 유전적 능력을 찾아 도전했기 때문이다. 이 길을 왜 가는가, 이런 자문에 관해 분명하게 답할 수 있어야 한다. 고창의 포도 농부는 일본의 2천 송이 포도 뉴스에서 호기심을 갖게 되었고 4천5백 송이가 열린 특별한 포도나무 재배에 성공할 수 있었다. 포도나무의 유전적 능력을 찾아준 것처럼 농부 자신도 마찬가지였다. 자신의 유전적 능력을 찾아 믿고 새로운 시도를 계속해 갔기 때문이다.

내 안의 잠재력을 깨워라

『해리포터』의 저자 조앤 K. 롤링이 하버드 대학 졸업축사에서 한 얘기를 들어보자. "저는 아무것도 아닌 제 자신을 있어 보이게 하려는 짓을 그만두고 제 모든 에너지를 제가 가장 중요하다고 생각하는 것에 쏟아붓기 시작했습니다." 조앤 K. 롤링은 오늘날 세계 최고의 베스트셀러 작가가 되었다. 자신이 좋아하고 소중하게 생각하는 것이 무엇인지 알게 되면서 수많은 소설가와 작가들도 넘보지 못한 일을 이룩해 낸 것이다. 그녀가 작품을 구상하게 된 계기는 다음과 같았다고 한다. 1990년 어느 날이었다. 영국 기차여행 중 기차가 고장이 났고 시골 한복판에서 4시간을 무료하게 기다리는 상황이었다. 그때 떠오른 상상을 소설의 줄거리로 사용하면 어떨까 했다고 한다. 그것이 바로『해리포터』를 쓰게 된 시발점이었다. 그 이후로 그녀의 노력은 계속되었다. 만약 그녀가 자신의 잠재된 능력을 찾아 꾸준하게 노력하지 않았더라면 성공의 자리에 이를 수 없었을 것이다.

우리에게는 저마다 무한한 잠재력이 존재한다. 몸을 움직이는 운동선수, 숙련된 기술을 필요로 하는 엔지니어, 그리고 많은 지적 자산을 가지고 있는 전문가도 마찬가지다. 좋아하는 일과 관심 분야를 찾아 일하다 보면 자신의 무한한 유전적 능력이 뿜어져 나올 수 있다. 무한한 유전적 능력은 타이밍을 기다리며 우리 안에 잠복해 있다는 것을 믿으면 된다. 어떻게 변할지, 어떤 모습으로 나타날지 모르기 때문에 우리는 변화를 준비하고 좋아하는 일과 분야를 찾아 몰입해야 한다.

나는 법무사 개업을 준비하고 있다. 가보지 않고 생소한 길이지만 용기를 내려 한다. 내 나무의 유전적 능력을 찾아 길을 떠나고자 한다.

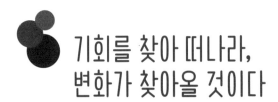

기회를 찾아 떠나라, 변화가 찾아올 것이다

사소한 일에도 의문을 가져라

나는 큰아들을 프로골퍼로 키웠다. 아들은 골프연습을 열심히 한다. 하지만 아직도 가야 할 길이 멀었다. 지켜보고 응원해 주면서 나역시 나만의 꿈을 키워가고 있다. 나는 20년 직장생활을 마치고 새로운 길을 가고자 한다. 새로운 도전을 위해 변화를 선택했다. 편안한 직장생활이 싫어서가 아니다. 기회는 우리를 기다려주지 않는다고 생각했기 때문이다. 가만히 앉아서 기회가 오기만을 마냥 기다릴것이 아니다. 내가 직접 찾아 떠나야 한다. 변화의 기회를 찾아 성공의 길을 걸었던 사람들에게서 나는 많은 것을 배울 수 있었다.

1997년 어느 날 리드 해스팅스Reed Hastings는 짐을 정리하다 톰 행크스 주연의 '아폴로 13호' 비디오테이프를 발견한다. 그리고 테이프 반납일이 6주가 지났다는 사실을 뒤늦게야 알게 된다. 연체료만 40달러였다. 그는 아내에게 잔소리를 들어야 했다. 그때 그는 의문을 가졌다. '왜 비디오테이프 대여점은 월 정액제로 운영하지 않는 거지?' '연체료를 없애고 고객이 원하는 때에 언제든지 빌려보게 하면 어떨까?'라는 의문을 갖게 되면서 창업 아이디어를 얻었다. 창업 후에는 '월 구독료'라는 시스템을 도입하여 10달러의 월 구독료만 내면 무제한 대여에 연체료와 배송료를 받지 않겠다고 말했다. 그는 그런 식으로 '넷플릭스'의 고객을 만들어갔다. 그 결과 넷플릭스는 오늘날 세계 최대의 온라인 스트리밍 서비스 기업으로 성장했다. 지금은 월트 디즈니와 견줄 만한 기업으로 성장하게 된 것이다. 최근 이병헌, 김태리 주연의 드라마 '미스터 선샤인'을 240억 판권에 사들인 회사가 리드 헤스팅스의 넷플릭스다. 그가 오늘날 성공을 거둘 수 있었던 이유는 바로 사소한 의문점이었다. 남들은 쉽게 지나치고 마는 작은 불편함에도 그는 의문을 제기했던 것이다. 그러한 물음이 곧 건설적인 사고를 낳았고, 그것은 실천으로 이어졌다. 조그만 개선 아이디어가 사업의 출발점이 된 것이다.

의문에 대한 답을 찾아라

2001년 경북대학교 총장이었던 박찬석 씨의 자서전에서 변화의 시작에 대해 들어보자.

"나의 고향은 경남 산청이다. 대구중학을 다녔는데 공부를 하기 싫었다. 1학년 8반, 석차는 68/68, 꼴찌를 했다. 부끄러운 성적표를 가지고 고향에 갔다. 어린 마음에도 그 성적을 보여드릴 자신이 없었다. 그래서 잉크로 기록된 성적표를 1/68로 고쳐 아버지께 보여드렸다. 그러자 아버지는 "명순(아버지)이는 자식 하나는 잘 뒀어. 1등을 했으면 책거리를 해야제."라고 말했다. 아버지는 한 마리뿐인 돼지를 잡아 동네 사람들을 모아 놓고 잔치를 벌였다. 그 돼지는 우리 집 재산목록 1호였다. 나는 문득 죄책감이 들어 덜컥 겁이 났다. 강으로 뛰어들어 죽어버리고 싶은 마음에 물속에서 숨을 안 쉬고 버티기도 했다. 주먹으로 내 머리를 내리치기도 했다. 충격적인 그 사건 이후 나는 달라졌다. 항상 그 일이 머리에 맴돌고 있었기 때문이다. 그로부터 17년 후, 나는 대학교수가 되었다."

유년시절에 일어난 충격적인 사건이 어린 저자의 마음을 변화시킨 것이다. 그 일은 어느 날 갑자기 교통사고가 난 것처럼 불현듯 나타나 운명처럼 마음을 흔들어 놓았다. 그 마음을 외면하지 않고 공부를 지속하기로 마음먹었다는 점이 이야기의 교훈이라고 할 수 있다. 그는 어렵고 힘든 과정을 극복하면서 성과를 만들어냈다.

코리안 탱크 최경주 프로의 이야기를 들어보자.

고등학교 2학년이 되었을 때였다. 체육 선생님이 한 명씩 지명해서 두 줄로 나눠 세우셨다. 드디어 내 차례가 왔다. "너는 왼쪽!" 고개를 빼고 오른쪽, 왼쪽 번갈아 가며 바라보았다. 하지만 선생님이 어떤 기준으로 나눈 것인지 짐작할 수가 없었다. "오른쪽은 역도, 왼쪽은 골프다!" "골프? 골프가 뭐냐? 너는 아냐?"

　그는 이미 계획된 미래를 미리 알고 시작하지 않았다. 본인의 선택으로 시작한 것도 아니었다. 단지 그곳에서 뭔가 흥미를 느끼고 꿈을 키워나갔다. 어렵고 힘든 과정이었지만 골프에 대한 열정으로 앞을 향해 전진해 갈 수 있었다. 그리고 성과를 냈다.

　변화는 자신을 기다려주지 않는다. 자신이 찾아 나서야만 한다. 우연히 찾아온 기회를 지속해 가지 않으면 멈춰버릴 수 있다. 리드 해스팅스는 변화의 기회를 작은 질문의 답을 구하는 과정에서 찾았고, 박찬석 총장은 어느 날 갑자기 찾아온 위기를 탈출하기 위해 변화를 선택할 수밖에 없었다. 최경주 선수는 우연히 찾아온 변화의 기회를 꿈으로 연결해서 성공을 이뤄냈다. 변화의 기회는 언젠가 찾아온다. 기회를 잡는 것은 나의 선택에 달려있다. 법무사 개업을 하고 새로운 사업을 시작하고자 한다면 나에게 찾아온 변화의 기회를 잡아야 한다. 그리고 성장하기 위해서는 열정을 가지고 도전해야 한다. 버락 오바마는 다음과 같은 말을 했다. "변화는 우리가 누군가를 또는 무엇인가를 기다린다고 해서 찾아오는 게 아니다. 우리 자신이 우리가 기다리던 사람이고 우리가 바로 우리가 추구하는 변화다."

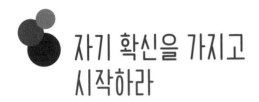

자기 확신을 가지고 시작하라

자신감을 가져라

자기 확신을 가진 사람은 말에 힘이 실린다. '나는 세상에 이름을 날릴 것이다.' '나는 백만장자가 될 것이다.' 바로 이런 말들이다. 말에 힘이 실리는 이유는 무엇일까. 사람들은 만난 지 오래되지 않았더라도 신념이 있는 사람이라면 그 사람이 하는 말에서 신뢰를 얻는다. 그 사람을 따라 행동한다면 나도 비슷한 사람이 될 수 있겠다고 생각한다. 오랜 시간 동안 곁에 함께 있었던 사람이 자기 확신에 차 행동한다면 그 사람과 같이 활동하고 싶어진다. 자기 자랑이 아닌 진짜 말에 힘이 실려있는 사람 주변에는 사람들이 모인다. 어렵고 힘든 환경 속에서 자라왔지만 타고난 성품이 바르다면 현실의 어려움은 얼마든지 해결할 수 있다. 확신에 찬 말에는 원인과 근거가 있다. 커다란 사건의 경험이 삶을 방향을 돌려놓았을 수도 있다. 감명 깊게 읽었던 한 권의 책이 인생을 변화시켰을 수도 있다. 확신에 차서 이야기하는 사람은 말에 힘이 있다. 확신이란 반드시 인생의 경험이 풍부하고 많은 시련을 극복했을 때만 찾아오는 것이 아니다. 자기 확신에 찬 말은 10대 때에도 할 수 있다. 나이가 어리고 인생 경험이 부족하다고, 미래가 불확실하고 불안하다고 모호하게 말하지 않는다. 10대라고 무조건 자신 없게 행동하고 보호받아야 한다고 생각하지 않는다는 것이다. 어린 시절부터 자신감이 넘치고 변화를 두려워하지 않는 사람이 있다. 일본 소프트뱅크 손정의 회장이 19살 때 펼쳤던 인생플랜을 보자.

인생 50년 플랜

20대 : 자신의 분야에서 이름을 알릴 것이다.

30대 : 최소한 1천억 엔의 사업자금을 마련한다.

40대 : 1조 엔에서 2조 엔으로 셀 수 있는 규모의 사업에 승부를 건다.

50대 : 연 1조 엔 매출의 비즈니스모델과 인생플랜 모델을 완성한다.

60대 : 다음 경영진에게 사업을 넘긴다.

손정의 회장은 자기 확신에 차서 미래 인생계획을 설계했다. 그것도 10대 때 세운 계획이다. 그는 큰 뜻을 품고 자기 생각을 실천하는 힘이 있었다. 준비된 계획을 실행하기 위해 지금 무엇이 필요하고 어떤 것을 해야 하는지 판단하고 결정했다. 작은 것 한 가지를 실천하여 성과를 냈고 성취의 경험이 쌓여 자기 확신으로 이어졌다.

또한 그에겐 절박함이 있었다. 조선인 3세인 그는 자신의 정체성을 확인하고 싶었다. 어릴 적 읽었던 『료마가 간다』라는 책에서 큰 감명을 받았다. 자신도 세상에 이름을 날려야겠다고 다짐했다. 그러기 위해서는 세상을 변화시킬 수 있어야 했고 큰 꿈을 가져야 했다. 그것이 자신이 세상에 태어난 이유이고 소명이라고 생각했다.

13세에 버핏이 했던 자기 확신의 말을 들어보자. "나는 30세에 백만장자가 될 것이다. 그렇지 않으면 오마하의 가장 높은 빌딩에서 뛰어내릴 것이다." 그는 이렇게 확신에 차서 주변 사람들에게 얘기하고 다녔다. 초등학생이라는 어린 나이에 돈을 불리고 싶은 마음이 강렬했고 자기 선언을 실천했다. 돈 버는 재미에 푹 빠져 어릴 적 신문 배달, 콜라 판매, 핀볼 사업 등을 하며 불어나는 돈에 희망을 품었고 재미를 느꼈다. 자신이 좋아하는 일을 찾았고 그것을 이뤄나가며 어려운 시련도 거뜬히 극복할 수 있었다. 자신을 증명하는 최고의 방법은 부자가 되는 것, 오래 사는 것이었다. 그리고 그는 먼 훗날 세계 최고의 부자가 되었다.

간절히 원하라

어떤 목표를 가졌다면 내면 깊숙히 간절히 원해야 한다. 원하는 것을 찾았으면 생각하고 계획한 대로 흔들리지 말고 행해야 한다. 작은 것 한 가지를 이루다 보면 자신감이 생기고 확신으로 이어진다. 더 많은 경험과 준비를 해야 하고 아직은 때가 아니라고 망설인다면, 원점으로 다시 돌아가야 할지도 모른다. 간절히 원하는 것을 찾았으면 우선순위 목록을 정하고 최우선순위에 올라와 있는 것부터 실행하면 된다. 우선순위를 정하면 선택과 집중이 쉬워진다. 중요하지 않은 일에 시간을 낭비하지 않게 된다. 스스로를 의심하지 않게 된다. 쉽게 몰입할 수 있다. 고창 희성농장의 4천5백 송이 포도 농가도 자기 확신을 가지고 시작했다. 그리고 하나하나 성취를 이루어가기 위해 전문가를 찾아 배우고 익히며 방법을 찾아 나섰다. 해마다 포도나무에 포도송이가 늘어갈수록 농부는 자기 확신이 생겼다.

버킷리스트란 죽기 전에 하고 싶었던 소망과 소원들을 적은 목록이다. 적어 놓으면 실행될 확률이 높다. 그러나 창업을 하고 법무사 개업을 하는 일 등은 단순히 하고 싶은 일들의 목록으로 그쳐선 안 된다. 구체적인 플랜이 필요하다. 오랜 시일이 걸린다. 훌륭한 직원을 채용해야 하고, 매출의 내용이 좋아야 하며, 충성 고객을 확보해야 하는 일이다. 단순히 바란다고 해서 쉽사리 풀리는 일이 아니다. 그래서 자기 확신이 필요하다. '나는 성공한 기업가가 될 것이다.' '나는 성공한 법무사가 될 것이다.' 단순히 선언하고 외친다고 되는 것이 아니다. 구체적인 플랜이 있어야 하고 자기 확신을 가진 상태에서 선언해야 한다.

사소한 일에도 최선을 다하라

사소한 일에도 최선을 다하라

영화 '역린'에 나오는 중용 23장의 내용을 보자.

"작은 일도 사소히 넘기지 않고 최선을 다해야 한다. 작은 일에도 최선을 다하면 성공할 수 있다. 정성은 표가 나기 마련이다. 정성이 드러나면 밝아지고, 밝아지면 남을 감동시키게 된다. 남을 감동시키면 이내 변하게 되고, 변하게 되면 생육된다. 그러니 오직 세상에서 지극정성을 다하는 사람만이 자신과 세상을 변하게 할 수 있는 것이다."

작은 일에 정성과 최선을 다하고 세상이 그것을 알아주었을 때에야 비로소 변화할 수 있다. 큰 변화를 이루기 위해서는 조그마한 일부터 시작해야 한다. 그래야 크고 많은 일을 시도해 볼 수 있다. 그러나 너무 많은 일을 하다 보면 제대로 해낼 수 있는 게 많지 않다는 것을 알게 된다. 더 많은 것을 하려고 의욕만 앞선다면 자신이 무엇을 잘하는지 알 수 없다. 처음에는 작은 일을 택해서 시작해야 한다. 작은 일에 최선을 다했을 때 잘하는 것이 무엇인지 알게 되고, 작은 일에 집중했을 때 더 크고 많은 것을 얻어낼 수 있다. 작은 일을 소중히 생각해야 큰일을 잘해낼 수 있는 것이다. 세상의 변화는 거창한 것에서 시작되지 않는다. 사소한 일을 대수로이 넘기지 않고 정성을 다하면 세상까지 변하게 할 수 있다.

한 가지에 집중하라

창업을 준비하는 예비 창업자가 있다. 이 예비 창업자는 많은 돈을 벌고자 한다. 꿈이 크고 의욕과 열정이 넘치는 창업자다. 그는 무조건 많은 것이 최선이고 전부라고 생각하고 믿고 있다. 더 많은 사람과 서비스와 계약을 체결해야 성공에 더 가까워질 것이라고 생각한다. 그러나 그의 생각은 반은 맞고, 반은 틀렸다. 더 넓은 범위의 업무를 담당한다고 해서 얻는 것이 그만큼 더 늘어나는 것은 아니다. 그렇게 해서 얻는 것이 적으면 힘은 빠지고 의욕과 자신감도 사라질 수 있다. 우리는 모든 면에서 강점을 갖는 슈퍼맨이 아니다. 작고 조그마한 일에 최선을 다했을 때 더 많은 사람을 얻게 되고 더 많은 서비스와 계약을 체결할 수 있다.

『원씽The one thing』의 저자 게리 켈러와 제이 파파산은 말했다. '나는 단 하나의 탁월한 성과 뒤에 숨겨진 놀랍고도 단순한 진실을 알게 되었다.'고 말이다. 성공 확률을 높이기 위해서는 '단 하나'에 더 많이 배팅해야 한다고 말한다. 잘하는 단 한 가지가 없다면 성공 확률은 높지 않다. 자신의 사업적 운명을 그냥 운에 맡기지 않으려면 많은 일을 하려는 생각을 접어야 한다. 잘하는 한 가지가 있다면 사업의 출발점이 좋다고 할 수 있다.

나는 법무사 개업을 준비하고 있다. 전문분야 단 하나를 찾고자 한다. 사람들로부터 어떤 법무사로 불리면 좋을까 고민해 본다. 돈을 잘 버는 법무사? 첫 시작은 좋다. 상담을 잘해주는 법무사? 적은 수수료에 많은 서비스를 주는 법무사? 물론 서비스는 기본이어야 한다. 회생파산 전문 법무사? 법인 전문 법무사? 소송 전문 법무사? 분야가 너무 많다. 이렇게 넓은 범위를 공략해선 안 된다. 혼란스러워질 뿐이다. 그러지 말고 종목 단 하나만을 택해보자. '단 하나'의 아이템을 가지고 6개월이든 1년이든 파고들어 보자. 아니면 한 달만이라도 좋다. 충분히 익히고 공부하다 보면 거기에 답이 있을 것이다. 답을 찾으면 그 분야의 고객을 찾아 나서면 된다. 나는 법인업무를 찾아 전보 희망원을 냈다. 법인 쪽 분야가 어떻게 이루어지는지, 어떤 것이 중요한지를 파악하고 민원인에게 상담할 정도로 업무를 익혔다. 그리고 잘하는 '단 하나'를 가지고 사업을 시작해 보려고 한다.

주식투자만 해도 마찬가지다. 잘 알지 못하는 수많은 종목을 보유하면서 수익률을 올리려 하다간 오히려 실패할 확률이 높다. 그것보단 차라리 충분히 잘 아는 '단 하나'의 종목에 투자하는 것이 좋다. 오히려 그렇게 하는 편이 수익률이 높아진다. 나는 '로만손'이란 단 하나의 종목에 10년간 투자한 경험이 있다. 한 종목을 10년간 보유하는 일은 쉽지 않다. 한 종목에 집중하면 많은 것들이 보인다. 진정한 위험은 자신이 얼마만큼 정확히 알고 있는지에 따라 달라진다. 모르고 투자했을 때 장기적인 수익률은 줄어들게 되어있다. 사업도 마찬가지이다. 많은 일을 하려고 시도하지 않아야 한다. 많은 고객을 확보하려는 생각은 사업을 위험에 빠뜨릴 수 있다. 고창의 4천5백 송이 포도 농가도 수많은 포도나무를 재배하려고 하지 않았기에 성공할 수 있었다. 자신이 하고 싶고 배우고 싶은 분야를 찾아 작은 단 하나부터 시작해야 한다.

두려움을
극복하는 방법

두려움에서 벗어나라

사업을 시작하겠다고 하면 주변 사람들은 말한다. 쉽지 않을 것이라고, 실패할 확률이 높다고, 어쩌면 성공이 불가능할 수도 있다고 말이다. 이 말을 듣는 순간 신념은 약해지고 의지가 꺾이며 자신감이 사라진다. 신념이란 굳게 믿는 마음이다. 굳게 믿는 마음이 있으려면 성공에 대한 확신이 있어야 하고, 사업적 성공을 위해서는 의심하지 않아야 한다. 사업을 시작하려면 그만큼 준비가 철저해야 한다. 그러나 사업을 시작하는 모든 사람이 성공에 대한 확신을 지니고 있지는 않다. 새로운 도전에 대한 걱정, 실패에 대한 두려움 없이 사업을 시작하는 사람은 없다. 사람은 각자 생각과 능력의 차이가 있어서 같은 사업을 하더라도 성공의 확률은 다를 수 있다. 성공의 확률을 높이기 위해서는 작은 성취 경험을 찾아내 자존감을 높이고 신념을 만들어야 한다. 누구나 작은 성취의 경험을 지니고 있을 것이다. 이러한 작은 성취의 경험을 만들어내고 찾아낼 수 있으면 된다. 이것이 성공을 향한 작은 시작이라고 볼 수 있다. 작고 소소한 성취 경험은 또 하나의 작은 성공이라고 볼 수 있다. 어렵고 힘든 결과물만이 성공의 기준은 아니다.

성공에 대한 시각을 바꿔야 한다. 높은 산에 올랐고, 자녀들을 무사히 잘 키웠고, 무사히 정년을 마쳤고, 자녀 교육에 헌신했으며, 해외여행을 무사히 다녀온 성취 경험도 작은 성공이라고 할 수 있다. 어렵고 힘들어했으며 남들이 인정해 주는 것만이 진정한 성공은 아니다. 성공에 대한 시각이 변하면 자신의 성취 경험은 얼마든지 찾아낼 수 있다. 수많은 성취 경험을 찾아서 신념을 만들어내고 자신감을 높였을 때 사업을 시작해야 한다. 두려움은 자신이 만들어 놓은 감옥이다. 마음속에만 존재하는 감옥은 열쇠가 잠겨있지 않기 때문에 그냥 걸어 나오면 된다. 자존감을 높이고 신념을 만들어 감옥에서 나올 수 있어야 한다.

긍정적인 생각을 가져라

소련이 세계 최초로 인공위성 스푸트니크호로 우주 비행에 성공하면서 미국 정부는 충격을 받는다. 당시 대통령이던 존 F. 케네디는 1960년 초 미국인에게 '우리는 우주개발에 전력을 다해서 달 표면에 최초의 인류를 보내야 합니다.'라고 말한다. 그러나 미국은 1960년 이전까지 한 번도 우주 비행에 성공하지 못했다. 한 번도 가보지 못한 길이었다. 이렇게 시작된 우주 비행 플랜은 아폴로 1호의 참사(아폴로 1호의 지상 실험 도중 화재로 우주인 3명이 모두 사망한 사건)로 잠시 주춤했다. 하지만 결국 1969년 7월에 달 착륙의 우주 비행에 성공한다. 우주여행에 대한 경험이 없었지만 성공했을 뿐만 아니라 달 표면에 사람까지 보낸 것이다. 우주여행이라는 큰 성공 경험이 없었지만, 조그마한 성취 경험이 모여 큰 성공을 이룰 수는 있었다. 아폴로 11호 발사를 위해 기술자, 정비사, 관리자들은 오랜 기간 작은 성취 경험을 쌓았고 그들의 작은 성취 경험이 모여 큰 성공을 이룰 수 있었다.

'KFC'는 켄터키 프라이드 치킨 회사로 알려져 있다. 커넬 샌더스 Colonel Sanders가 62살의 나이로 창업한 기업이다. KFC를 창업하기 전 샌더스는 수많은 사업 실패를 경험했다. 경험했던 모든 사업이 망했고, 적은 금액의 연금으로 생활해야 했다. 실패에 익숙해져 있었다. 그러나 그는 다시 일어났다. 1008번의 거절의 경험에도 다시 도전할 수 있었던 힘은 어디에서 나왔을까? 그것은 바로 두려움이 아닌, 긍정적인 사고에 있었다. 그동안 경험했던 수많은 거절과 실패는 성공을 위한 값진 성취 경험이라고 그는 생각했다. 먼 훗날 그는 KFC를 미국 최고이자 세계 최고의 치킨 프랜차이즈 기업으로 성공시켰다.

　2014년 봄, 큰아들의 골프 선수 생활이 시작되었다. 프로골퍼가 되기 위해 운동선수가 된다는 것에는 많은 변수가 따른다. 부모의 경제력이 있어야 하고, 자녀가 골프에 흥미를 잃지 않아야 한다. 자녀에 대한 부모의 관심과 배려가 있어야 하고, 자녀에게 꿈을 심어줘야 한다. 훌륭한 코치도 만나게 해줘야 한다. 그 당시 나는 자녀의 뒷바라지를 한다는 게 정확히 어떤 의미인지 몰랐다. 그냥 열정과 꿈이 있다면 무엇이든지 극복할 수 있다고 믿던 때였다. 그러나 해가 갈수록 험난한 현실을 마주해야 했다. 골프에 대해 잘 몰랐고 알아야 할 것이 너무 많았다. 어떤 코치가 아들과 잘 맞는지 감별하는 일 역시 쉽지 않았다. 내 의지로 할 수 있는 게 아무것도 없었다. 두려워짐과 동시에 부정적인 생각이 머릿속을 하나둘 메워갔다. 그렇다면 어째서 두려웠던 것일까. 원인은 다양했다. 경제적인 어려움, 성과에 대한 갈망, 불안 등등이었다. 하지만 나는 두려움을 극복해내야만 했다. 극복 방법은 작은 성취 경험을 찾아내는 데에 있었다. 우리 부부는 가정형편을 아들에게 고백했고 아들은 부모가 돈보다 아들을 더 사랑함을 진심으로 느꼈다. 지난날들을 반추하며 아들과 함께했던 행복했던 순간을 떠올려 보았다. 또한 나는 할 수 있다는 긍정적인 자기주문을 반복해서 되뇌었다. 그러자 아들이 부담과 압박에서 해방되면서 골프 실력이 갑자기 늘어나는 것이 아닌가. 좋은 일이었다. 연습량은 줄었고 겨울마다 가는 해외 전지훈련도 가지 않았다. 그러나 성과와 성적은 좋아졌다. 부담이 줄면서 자신이 진정 좋아하는 이유를 찾았다. 2018년 무더운 여름 아들은 당당히 KPGA 프로가 되었다. 불안, 갈망 같은 부정적인 감정을 떨쳐내고 긍정적인 생각을 한 것이 도움이 된 것이다.

타이밍을 찾아라

잠재력을 깨워라

'우물쭈물 살다가 이럴 줄 알았지! I Knew lf stayed around long enough, something like this would happen.'

이 글귀는 '조지 버나드 쇼George Bernard Shaw'의 묘비명에 쓰여있는 말이다. 이 말은 곧 현재는 멈춰있지 않으니 매 순간 더 치열하게 살아가야 한다는 의미를 담고 있다. '언젠가 꼭 해야지!' 하면서 미루는 것은 그가 바라는 삶이 아니었다. 우물쭈물 망설이다가 이렇게 죽을 줄 알았지! 망설이지 않겠다는 다짐의 표현대로 그는 자신이 원하는 삶을 살았고 실천한 사람이다. 버나드는 시간의 소중함을 잘 알고 있었다. 하는 일의 시작점을 찾지 않으면 아무것도 해낼 수 없다. 타이밍을 찾아서 자신이 하는 일에 최선을 다해야 한다.

많은 이들이 다음을 기약하며 이렇게 말한다. '다음에 해야지.' '다음에 얼굴 한번 보자.' 하지만 막연한 '다음'의 기약이 실천으로 이어지는 경우는 매우 드물다.

스티브 잡스의 일화를 들어보자. 그에겐 은혜로운 선생님이 있었다. 잡스는 선생님을 두고 이렇게 말했다. "선생님은 내 삶의 성자들 가운데 한 분이었다. 4학년 상급반을 가르치셨는데, 한 달 만에 나를 굴복시켰다. 숙제를 다 하면 5달러를 주겠다고 말씀하시면서 내게 미끼를 던지셨다. 그 말씀이 내 안에서 뭔가를 배워야겠다는 열정을 일으켰다." 스티브 잡스의 선생님이 내면의 잠재력을 깨워주신 것이다. 이러한 잠재력은 곧 열정을 가져왔다. 또한 덕분에 잡스는 이른 나이에 사업적 결단을 내릴 수 있었다.

미루지 말아라

많은 이들이 '언젠가는…'이라는 말로 실행하기를 자꾸만 뒤로 미룬다. 언젠가 나는 개업을 할 것이고, 언젠가 나는 사업을 시작할 것이고, 언젠가 나는 엄청난 부자가 돼있을 것이다. 참으로 편안하고 재미있는 말이다. 그러나 도전해야 할 일이 있다면 때를 정하고 실천해야 한다. '언젠가는…'이라는 말 대신 구체적인 날짜를 정하면 된다. 한 달 후, 1년 후, 5년 후 몇 월 며칠을 정하자. 시각까지 정하면 더욱 좋겠다. 그래야 한다. 바로 그때부터 시작인 것이다.

나는 누님이 5명이나 된다. 이 누님들은 나를 소중하게 여긴다. 당연하다. 어머니가 아들을 낳기 위해 기다리다가 여섯 번째 아들을 낳았으니 얼마나 소중하게 생각하겠는가. 엄마가 세뇌(?)시켜 놓은 결과일 수도 있다. 너무 끔찍이 생각하다 보니 법무사 개업 얘기가 나오면 가족회의가 시작된다. 편안함을 두고 고생길을 시작하려 한다며, 요즘 세상이 얼마나 힘든 줄 아냐고, 동생이 몰라도 너무 모른다고 걱정한다. "우리 집안은 사업하는 집안이 아니고, 동생은 사업하고 맞지 않아! 다시 한번 생각해 봐." 이렇게 타이른다. 타이밍을 찾고 언젠가 좋은 때를 기다린다면 누님들도 나를 지켜봐 줄 것이다.

창의성이 있어야
변화가 생긴다

남들과는 다른 생각을 하라

스타벅스의 회장 하워드 슐츠Haward Schultz는 1983년 출장 간 이탈리아에서 스타벅스의 운명을 바꿀 경험을 하게 된다. 바로 쉽고 빠르게 커피를 즐길 수 있는 '에스프레소 바'를 만난 것이다. 이탈리아인들은 보통 에스프레소 바에서 빠르게 커피를 받아 일터로 떠나는 문화를 가지고 있었는데, 미국인들은 당시 동네의 작은 커피집에서 느긋하게 모여 앉아 커피를 즐기고 있었다. 여기서 슐츠는 이 둘을 모두 만족시킬 '제3의 찻집' 문화를 일굴 기회를 찾았다. 바로 직장과 가정 사이에 사람들이 쉽게 모여들어 커피를 즐길 수 있는 장소를 카페로 만드는 것이었다. 이탈리아와는 다르게 바에서 커피를 마시도록 의자를 놓았다. 의자에 앉아 이야기도 하면서 노트북으로 일할 수 있는 공간을 원하는 미국인들의 마음을 간파한 것이다.

그는 다음과 같이 자문했다. 커피를 좋아하는 사람들이 카페를 찾는 이유는 단지 커피 맛 때문일까? 그것뿐만이 아닌 다른 데에 이유가 있지 않을까? 그게 무엇일까? 어쩌면 카페가 가진 공간적 특성이 아닐까? 그렇다면 커피 향이 나는 쾌적한 공간을 제공해 주면 되겠다고 생각했다. 사람들은 관심 있는 주제를 가지고 소통하기 위해 모일 것이다. 모임을 갖기 위해선 특정 장소가 필요하다. 그곳이 카페가 되면 된다. 커피 맛이 최고라 할 수 있는 이탈리아 에스프레소 바에서 어느 날 갑자기 세계 최대 커피 체인점을 생각해낸 것이다.

에이미 윌킨스의 『크리에이터 코드』에서는 이런 하워드 슐츠의 모습을 두고 '태양새 형* 크리에이터'라고 부른다. 한 분야에서 뛰어난 성과를 낸 사람은 전혀 새로운 분야의 일을 시작해도 빠르게 지식을 습득하고 성취를 이뤄낸다. 기존의 성취과정에서 생겼던 경험들을 다른 분야에 쉽게 적용하고 응용한다. 태양새가 이곳저곳 돌아다니며 꽃에서 꿀을 빨듯이 슐츠도 여러 분야에서 창조적 아이디어를 생산해 낸 것이다.

---

* 아시아와 아프리카, 호주 일부 지역에 서식하는 새다. 부리는 가늘고 아래쪽으로 구부러졌으며, 혀는 길고 대롱 모양이다. 벌새처럼 꽃 앞에서 정지 비행을 하거나 날카로운 발톱으로 꽃이나 나뭇가지에 앉아서 꿀을 빨아 먹는다. 꿀을 빨면서 꽃가루를 옮겨 다닌다.

현대그룹 정주영 회장은 서산간척사업에서 방조제 양 끝에 70m를 남겨둔 물막이 공사에서 폐유조선을 이용해 공사를 성공시켰다. 유조선으로 물막이 공사를 하는 것은 기상천외한 공법이었다. 이 공법으로 현대건설은 280억 원의 공사비를 절약했고, 공사 기간을 36개월이나 단축했다. 그가 가진 성공의 원천은 바로 상상력과 창의력이다.

그는 가고자 하는 길이 명확했고 현장을 통해 무엇이 필요한지 정확히 파악하고 있었다. 어디로 가야 할지 목표를 정했고 빨리 정확하게 가는 방법을 찾아냈다. 그러나 하루하루가 바빴을 것이다. 하고 싶은 관심 분야를 찾아 고민을 해결해야 하지만 쉽지 않다. 흘러가는 시간을 잡을 수도 없는 노릇이다. 우리는 원하고 바라는 것을 이루기 위해 목표를 정해야 한다. 목표를 정했으면 지혜를 모아서 성과를 내야 한다. 하워드 슐츠도 세계 최대의 커피 체인점이란 목표가 있었기에 성과를 낼 수 있었다. 목표가 있다는 것은 물고기를 잡기 위해 그물을 쳐놓은 것과 같다. 그물을 쳐놓지 않으면 물고기는 잡히지 않는다. 목표가 있으면 문제가 보이고, 문제를 해결하다 보면 우리는 그곳에서 창의적인 생각을 하게 된다.

사업이 성공하려면 큰 목표를 가지고 구체적인 플랜을 세워야 한다. 그때부터 끝없이 움직여야 한다. '김밥 파는 CEO' 김승호 회장을 보자. 목표가 간절한 이들에게 그는 말한다. 자신이 원하는 바를 매일 100번씩 쓰라고 말이다. 쓴 것을 다시 백 일 동안 소리 내어 외치라고 말이다. 자기암시를 끊임없이 계속하라는 소리다. 그는 지금의 아내도 그런 방법으로 얻었다고 한다. 어떤 꿈이나 목표를 내뱉음으로써 목표에 조금 더 가까이 도달할 수 있다. 뭔가 간절히 원하면 그 간절함은 긍정적 신념으로 나타나게 되고 그 사람의 행동과 표정으로 표현된다.

사업을 시작하려면 많은 것을 고민하게 된다. 시작은 언제 해야 하며 무엇을 준비해야 할 것인가. 선택하고 판단해야 할 일들이 많다. 한 분야에서 성공을 이룬 사람들은 또 다른 분야를 시작하더라도 빠르게 성공에 이르게 된다. 목표를 정했고 어느 곳에 선택과 집중을 해야 할지 알고 있기 때문이다.

시간은 누구에게나 공평하게 주어진다. 목표를 정했으면 우선순위를 정해야 한다. 목표와 관련된 중요한 일부터 처리하고 우선순위에서 밀리는 일은 뒤로 미뤄야 한다. 정주영 회장도 서산간척사업을 성공시켜야 하는 목표가 있었다. 어릴 적 부모님의 소 판 돈을 가지고 서울로 상경해서 성공했다. 자신을 반듯하게 키워주신 부모님께 농사를 지어 보답해 드리려는 목표를 이룬 것이다. 목표가 있는 사람이 성공할 확률이 높다. 성과를 내려면 모든 것을 잘하려는 마음을 내려놓아야 한다. 잘할 수 있고 집중해야 할 목표가 생겼다면 그다음부터는 몰입해야 한다. 몰입하기 위해서는 중요하지 않은 것들을 포기해야 한다. 그래야 길이 보이고 성과를 낼 수 있다.

모방은 창조의 어머니

　창조의 원천은 모방이다. 고창의 어느 평범한 농부가 4천5백 송이라는 성공적인 수확물을 거둬들일 수 있었던 것은 '모방' 덕분이었다. 모방이 성공의 시작이었던 셈이다. 일본의 어느 포도 농가의 뉴스를 접하고 자신도 해봐야겠다는 의지가 그를 성공의 길로 이끈 셈이다. 처음부터 독창적이고 창의적인 결과물이란 없다. 남의 것에서 힌트를 얻어 자신만의 길을 개척하는 일, 그것 역시 재능이요 노력의 산실이라고 볼 수 있다. 그렇다면 4천5백 송이의 포도와 일반 농가의 포도재배 방법은 어떻게 다를까. 살펴보자. 포도 씨앗에서 자란 줄기의 묘목에 다른 포도나무의 묘목과 접을 붙여 포도를 재배한다. 처음 포도나무 묘목에 접을 붙여야 하지만 평범한 묘목에 접을 붙인다고 거대한 포도나무가 되는 것이 아니다. 평범한 포도 씨앗에서는 평범한 줄기가 자랄 뿐이다. 재배 방법을 달리한다고 해서 4천5백 송이의 포도가 열리지는 않는다. 씨앗과 묘목이 평범하다면 방법을 달리한다고 거대한 포도나무로 키울 수 없다. 종자를 선별하는 첫 단계에서부터 차별점을 두어야 한다. 우선 좋은 포도 씨앗을 골라야 한다. 줄기가 잘 자라게 해야 한다. 그 줄기에 맞는 묘목을 찾기 위해 노력해야 한다. 씨앗과 묘목, 종자가 좋아야 한다. 줄기에 맞는 묘목을 찾아 연결해야 성공 확률이 높아진다.

2부

전문분야를 찾아라

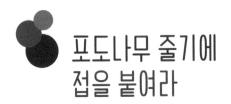

포도나무 줄기에
접을 붙여라

내게 맞는 분야를 찾아라

성공한 법무사가 되기 위해서는 특별한 포도나무 재배 방법처럼 자신만의 방법을 찾아야 한다. 지금부터 그 방법을 크게 두 가지로 나눠 얘기해 보겠다.

첫 번째, 나에게 맞는 관심 분야를 찾고, 해당 분야의 전문가가 되어라.

처음부터 모든 것을 완벽하게 알 수는 없다. 하나하나 알아가다 보면 전문가가 되어가는 것이다. 먼저 자신이 잘하는 분야와 좋아하는 분야를 정하고, 그런 다음 그 분야에 맞는 고객을 확보해야 한다. 자신의 특정 고객을 정하지 못하면 업무 범위가 너무 넓어져 사업이 힘들어진다. 자신이 걸어가야 할 분야를 찾아 나서야 한다. 그중에서도 자신의 적성에 맞고 재미난 일이 있었던 업무라면 더 좋다. 그 분야가 전문분야가 될 수도 있다. 그때는 그냥 했었지만, 지금은 개업을 준비하는 마음을 가지고 있다면 생각이 달라질 것이다. 내 경우 내가 선택한 업무가 개업할 법무사의 주된 업무 분야로 정해진다면 포도 씨앗을 찾은 것이다.

두 번째, 전문분야에 맞는 훌륭한 고객을 찾아 만족시켜라.

이제부터는 포도나무 씨앗에서 자란 줄기에 맞는 묘목을 찾아 나서야 한다. 잘 자란 줄기에 좋은 묘목을 찾아서 접을 붙여야 한다. 여기서 말하는 좋은 묘목이란 이상적인 고객을 뜻한다. 이상적인 고객은 선택한 분야와 관련 있는 사람들이다. 나에게 맞는 이상적인 고객을 찾았으면 이제부터 사업이 쉬워진다. 이상적인 고객을 확보한다면 자신의 사업을 성장시킬 수 있다. 고객과 같은 생각을 하며 고객을 위해 무엇을 해줄 수 있을까를 생각해야 한다. 이때부터 사업의 방향이 잡혀가고 있다고 봐야 한다. 여러 면에서 이상적인 고객은 친한 친구와 비슷하다. 나도 고객을 좋아하고 고객도 나를 좋아해야 된다. 모든 일이 잘 풀리고 이상적인 관계를 통해 서로 즐거움을 얻는다.

내가 자신 있게 할 수 있는 분야를 찾아 전문가가 되어야 한다. 좋은 포도 씨앗을 찾아 키우듯이 말이다. 전문분야를 정했으면 자신에게 맞는 훌륭하고 이상적인 고객을 찾을 확률이 높아진다. 모든 것을 잘할 수는 없다. 특정 분야에 집중하면 그 분야에 최고가 되어야 한다. 그래야만 고객이 느끼는 만족감이 높아진다. 좋은 포도나무 씨앗을 선택해서 줄기를 사라게 해야 하고 좋은 묘목으로 접을 붙어야 한다.

자신만의 브랜드를 가져야 한다

자신에게 맞는 분야를 처음부터 찾기는 쉽지 않다. 쉽지 않지만 찾아야 한다. 자신의 브랜드를 알리기 위해서라도 필요한 일이다. 선도적인 법무사에게 주된 업무영역이 무엇인지 물어보면 자신만의 전문영역을 가지고 있다는 것을 알 수 있다. 그것이 곧 자신의 브랜드가 된다. 그 브랜드를 갖기 위해선 많은 시간과 인내력이 필요하다. 자신만의 고유한 영역이 있는 사람은 어떤 두려움이나 걱정이 없다. 시간적인 여유도 있다. 얼마나 부러운가! 부러우면 도전하면 된다. 자신만의 고유영역을 찾아서 첫발을 내딛자. 자신만의 고유영역이 생기면 경쟁자와 차별화가 시작되고 서비스의 질이 달라진다. 자신만의 고유영역은 특정 분야에 대한 노력 그리고 경험을 통해 일구어진다. 포도 농가가 좋은 씨앗과 묘목으로 시작하는 것처럼, 자신이 좋아하고 적성에 맞는 고유한 업무 분야를 찾아 시작해야 한다.

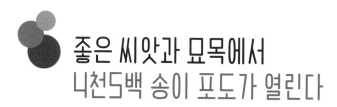

좋은 씨앗과 묘목에서
니천5백 송이 포도가 열린다

자신만의 특별한 포도나무 기르기

잘 자라고 있는 특별한 포도나무를 봐라. 한 그루에 4천5백 송이의 포도가 열리는 포도나무는 하루아침에 자라지 않았다. 특별한 포도나무를 재배하기 위해서는 많은 과정이 필요했다. 특별한 포도나무를 키우기 위해서는 좋은 포도나무 씨앗과 묘목을 찾아내야 한다. 시작이 잘못되면 되돌리기가 쉽지 않고 특별한 포도나무로 키울 수 없다. 평범한 포도나무에서는 4천5백 송이의 포도가 열리지 않는다. 『원씽The one thing』의 저자 게리 켈러, 제이 파파산은 말한다. "단 하나를 오롯이 자신의 것으로 만드는 데 전념하다 보면 그것이 곧 다른 일의 발판이 되는 것을 경험한다. 또한 일의 속도마저 빠르게 해준다는 것을 깨닫게 될 것이다. 지식은 또 다른 지식을 가져다

주고, 기술은 또 다른 기술 위에 쌓인다. 이것이 곧 미래의 도미노를 더 쉽게 쓰러지도록 만든다." 단 하나의 분야에 오랫동안 깊게 파고들었을 때 얻어지는 효과는 크다. 그것은 자신의 고유한 지적 자산을 소유하는 일이자 수많은 작은 성과와 성취의 경험을 쌓아가는 과정이다. 그러나 특정 분야의 전문가가 된다는 것은 오랜 시간이 필요하고 쉽지도 않다. 가다 보면 지치고 힘들 수 있다. 흥미를 잃게 되고 포기하게 될 수도 있다. 흥미를 잃지 않기 위해서는 어떤 분야가 자신에게 맞는지 판단하고 고민해야 한다. 다양한 분야의 전문가가 될 수는 없다. 특정한 자신만의 전문분야를 정해야 한다.

어떤 분야를 키울 것인가

성공적인 사업 전략과 4천5백 송이 포도 농법은 비슷한 점이 많다. 사업도 포도 농사처럼 전략이 중요하다. 포도 농가의 주변에는 쉽게 구할 수 있는 수많은 포도나무 씨앗과 묘목이 있다. 그중에서 4천5백 송이 포도나무를 키우기 위해서는 좋은 포도나무 씨앗과 묘목을 찾아내야 한다. 좋은 포도나무 씨앗과 묘목을 찾아내 키워야 하는 것처럼 사업도 어떤 분야를 자신의 특정 분야로 키울지 결정해야 한다. 좋은 포도나무 씨앗과 묘목을 선택하듯이 특정 분야를 자신의 전문분야로 선택했으면 농사를 시작하는 것처럼 사업을 시작하면 된다. 좋은 씨앗과 묘목으로 농사를 시작해야 4천5백 송이의 포도나무를 키울 수 있듯이, 특정 분야를 정해 자신만의 전문분야로 사업을 시작해야 시스템화가 쉬워지고 사업의 성공확률을 높일 수 있다. 처음부터 좋은 씨앗과 묘목을 찾았다고 단정하지 마라. 포도 씨앗과 묘목이 처음엔 좋아 보여도 나중에 썩은 것으로 드러날 수 있다. 씨앗과 묘목을 잘 선택하지 않으면 물과 비료를 주고 정성을 다한다고 해도 결과가 좋을 수 없다. 재배를 시작하면 되돌리는 것은 쉽지 않다. 때문에 시간이 필요하고 신중하게 결정해야 한다.

사업을 시작하는 과정에서 경기가 어렵고 소비가 줄어들 수도 있다. 사업을 시작하는 타이밍이 좋지 않을 수도 있다. 몇 개월 만에 고객이 큰 폭으로 줄어들었고 업계가 치열하게 생존경쟁을 치르고 있다면 고민이 많을 것이다. 포도 농사도 마찬가지다. 농사를 짓다 보면 가뭄이 시작되고 병충해가 찾아온다. 그렇다고 사업이나 농사를 포기할 수는 없다. 날씨는 변덕이 심하고 일기예보는 잘 맞지도 않다. 하지만 좋은 농부는 날씨를 탓하며 농사를 거르지 않는다. 자신의 고유한 업무 분야를 찾아 사업을 시작했다면, 자신의 사업에 부합하는 고객이 어디에 있는지도 알게 될 것이다. 고유한 업무 분야에 전문성을 높이고 업무 분야에 해당하는 고객을 찾았다면 그때부터 사업이 쉬워진다. 사랑하는 고객을 찾아 그들이 무엇이 필요한지, 무엇을 원하는지 알아내라. 그러기 위해서 주된 업무영역을 찾아야 한다. 주된 업무영역을 가지고 있다는 것은 최고의 능력을 발휘할 수 있다는 말이다. 그 영역이 자신이 하고 싶었던 일, 좋아했던 일이면 더 좋다. 좋은 씨앗과 묘목을 찾았고, 자신의 사업의 주된 업무영역을 정했다면, 이제부터 4천5백 송이 포도나무 재배를 시작하면 된다. 4천5백 송이 포도 농가와 성공적인 사업가가 되기 위한 출발점에 섰다.

한계의 벽을
부셔라

과거를 보내고 현재에 집중하라

　과거에 연연하는 사람들을 보자. 이들은 자신의 현재 모습에 만족하지 않는 이들이 대다수다. 지난 시절 현명하지 못한 행동과 실패의 경험을 떠올리며 과거에 얽매여 있기 때문이다. 살면서 특별한 성과나 결과물은 없었지만 크게 비난받지 않았던 것을 위안 삼아 현재의 모습을 당연하게 받아들인다. 과거에 얽매여 반복되는 삶을 살아간다면 변화에 능동적으로 대처하지 못한다.

　과거의 두려움을 극복하고 변화하려면 어떻게 해야 할까? 먼저 생각이 바뀌어야 한다. 바뀌지 않으면 변화하지 못한다. 물론 과거를 잊고 살 수는 없다. 과거가 있었기에 현재가 있고, 현재가 있기에 미래가 있다. 생각의 각도를 90도로 옮겨 현재로 돌리고 다시 180도

돌려 미래로 향하게 해야 한다. 생각의 방향을 돌려놓는 것만으로도 많은 문제를 해결할 수 있다. 현재는 지금 경험하고 있는 것이고 미래는 아직 경험해 보지 않은 것이다. 자신의 의지에 따라 얼마든지 새롭게 변화할 수 있다.

세계적인 기업 GEGeneral Electric Company, 미국의 첨단 기술, 서비스 금융기업의 CEO였던 잭 웰치는 말했다. 그는 『잭 웰치의 31가지 리더십 비밀』이란 책에서 "과거에 집착하지 마라. 열린 마음으로 변화를 받아들여라. 나는 어제로부터 가능한 한 많은 것을 얻어내려고 노력했지만, 내일을 사는 사람이다."라고 말했다. 잭 웰치는 지난날의 실패와 영광에 연연하지 않았다. 현재와 미래로 생각의 각도를 옮겨 놓았다. 새로운 목표와 꿈을 가지고 있는 사람은 언제나 현재와 미래에 대해 생각하고 실천하는 사람이다.

주변 사람들의 비난, 평가 등에 신경 쓰며 사는 사람들도 마찬가지다. 자신에 대한 주변의 평가에 너무 의식하고 살면 너무 어렵고 힘들어진다. 타인의 자극과 반응에 민감하게 반응하다 보면, 진정한 자신의 모습은 사라지기 마련이다. 남에게 보여주기 위한 인생이 되는 것이다.

진정한 자신의 모습을 찾으려면 어떻게 해야 할까? 생각의 각도를 자신에게로 향하게 해야 한다. 주변 사람들은 대부분 당신의 모습에 별 관심이 없다. 각자 자신의 생활에 바빠서 남의 인생에 거의 신경 쓰지 않는다. 자신이 세상에서 누구와 비교할 수 없는 소중한 존재라고 생각해 보자. 소중한 존재이기 때문에 자신만의 길을 가게 된다. 전 케임브리지 대학교 뉴넘 칼리지 심리학과 교수로 30년 이상 칭찬과 비난의 상호작용을 연구하며 건강한 인간관계의 비밀을 연구한 테리 앱터는 자신의 저서 『나를 함부로 판단할 수 없다』에서 말한다. "나이가 들면서 느끼는 기쁨 중의 하나는 다른 사람들의 시선에서 해방되는 것이었다. 평정심과 자신감은 엄청난 노력을 통해 획득할 수 있었다."라고 말이다. 주변 사람들의 비난과 평가에 너무 의식하거나 힘들어하지 않아야 한다. 생각의 각도를 자신에게로 돌리는 것만으로도 어려움은 얼마든지 극복할 수 있다. 자신이 소중한 존재라는 생각이 힘과 능력을 만든다.

자신에 대한 선입견에서 벗어나라

사업을 시작할 때, 혹은 승진 시험을 치를 때, 당신이 처음 시작해야 할 일이 있다면 무엇이라고 생각하는가? 사업을 시작한다면 아이템을 찾아 사업플랜을 작성하는 일일 것이다. 승진 공부를 시작한다면 합격했던 선배나 동료를 찾아서 어떤 책으로 공부를 했고, 어떤 마음으로 공부를 했는지 물어볼 것이다.

하지만 그보다 먼저 해야 할 일이 있다. 바로 자신과의 대화다. 이 일을 왜 시작했는지, 이유를 먼저 자신에게 묻고 시작해야 한다. 한마디로 내가 종사하고자 하는 일에 대한 신념이나 동기가 명확해야 한다. 그것이 명확한 사람과 그렇지 못한 사람의 차이는 크다. 내가 도전하는 이유는 자신의 한계를 극복하기 위해서이다. 한계를 극복하다 보면 거기에는 미처 생각해 보지 못한 많은 것이 보인다. 경험해 보지 못한 다른 분야에서도 얼마든지 훌륭하게 잘해 낼 수 있다. 잘 안되었다면 원인을 찾아 극복해야 한다.

사업을 시작할 때, 공부를 시작할 때 처음 해야 할 일은 자신의 한계를 없애는 일, 그러니까 자기자신에 대한 고정관념에서 벗어나는 일이다. 박찬석 총장이 반에서 꼴등을 했을 때 맨 먼저 한 일은 무엇이었을까? 그것은 바로 자신의 한계를 없애버린 일이다. 꼴등은 절대로 일등이 될 수 없다는 한계를 없애버렸기 때문에 현재의 그가 있는 것이다. 미국의 35대 대통령인 '존 F. 케네디John Fitzgerald Kennedy'를 보자. 그는 '우리는 할 수 있습니다'라는 말을 통해 미국인들의 생각에 변화를 주었다. 인류가 달 탐사를 할 수 없다는 한계를 지우는 것부터 시작한 것이다.

사람들이 자신의 가능성을 한정 짓는 이유는 다양하다. 대표적인 원인으로 꼽을 수 있는 것이 바로 자신을 향한 타인의 비난과 평가다. 이렇게 과거에 얽매여선 안 된다. 타인의 비난과 평가에 신경을 꺼야 한다. 오로지 현재와 미래만을 생각하고 자신의 목표와 꿈을 향해 나아가야 한다. 생각이 바뀌면 변하고 행동하게 된다. 해보지 않은 것이지 못 하는 것이 아니다. 시도하지 않았고 방법을 찾지 않았기에 못 하는 것들이 대부분이다. 자신의 한계를 극복하기 위해서 작은 성공의 경험부터 쌓으면 된다. 한계를 짓는 모든 생각을 버리고 작은 것부터 시작해 보자.

상상하면
현실이 된다

간절한 만큼 상상하라, 또 상상하라

상상력은 우리에게 많은 것을 이룰 수 있게 한다. 프랑스 약사이자 심리치료사인 에밀 쿠에는 1922년 자신의 저서 『자기 암시』에서 다음과 같이 말했다. "인간의 능력 중에 가장 중요한 것은 의지가 아니라 상상이다. 의지를 훈련시켜야 한다고 주장하는 것은 큰 실수를 범하는 것이다. 의지가 아니라 상상을 다루는 법을 배워야 한다." 그는 상상이 의식을 이기고, 무의식이 의식을 이긴다고 주장한다. 그리고 "나는 날마다, 모든 면에서, 점점 더 좋아지고 있다"라고 반복해서 말하면 정말로 더 좋아진다고 말하고 있다. 상상력을 발휘하기 위해서는 자신의 능력 범위를 의식하지 않아야 한다고 그는 말한다.

일론 머스크는 전기 자동차 회사인 '테슬라'를 창업한 기업인이다. 그는 꿈꾸는 자, 상상을 이루는 자, 미래 설계자라고 불린다. 그가 상상하고 꿈꾸는 세상을 보자. 스페이스 엑스를 통해 우주로켓으로 우주여행 시대를 만들고, 태양광 전기로 달리는 자율주행 자동차를 상용화시키며, 서울에서 부산까지 16분이면 도착할 수 있는 초고속 진공 열차인 하이퍼루프를 개발하고 있다. 남아프리카 공화국에서 태어난 그는 집이 부자였고 고등학생 시절까지 걱정 없이 자랐다. 현재 일론 머스크의 상상이 현실이 되어가고 있다. 일론 머스크의 상상력은 어디에서 나왔을까? 그는 엄청난 독서광이었다. 한때 하루 스물네 시간 중에 잠자고 밥 먹는 시간을 뺀 나머지 모든 시간을 책 읽는 데 썼다고 한다. 나중에는 책 읽는 속도가 빨라졌고 남들이 열 시간 투자해 읽을 책을 한 시간이면 다 읽을 수 있게 되었다. 그는 책을 통해서 상상력의 힘을 진정으로 믿게 된 것이다. 그리고 상상력의 힘으로 놀랄 만한 일들을 이뤄내고 있다.

이지성 작가의 『꿈꾸는 다락방』에선 상상으로 병을 치료하는 심장병 전문의 이야기가 등장한다. 그 이야기는 이렇다. 협심증으로 괴로워히는 환자가 있었다. 그는 언제 심상마비로 숙을지 모르는 위중한 환자였다. 전문의가 수술을 권했지만, 환자는 수술을 거부하고 상상으로 병을 치료하겠다고 했다. 사랑과 평화를 상상하며 동시에 녹슬고 막혀버린 심장 혈관들이 이십 대의 혈관처럼 팽팽하게 되살아나는 걸 상상하겠다고 그는 말했다. 상상만으로 병을 치료한다고 하면 믿을 수 있겠는가? 빌 클린턴 전 대통령 자문의인 딘 오니시 박사는 위와 같이 상상력을 활용한 치료법으로 심장병은 물론 암, 비만, 뇌졸중 등 수많은 질병을 치료하고 있다. 심장병 같은 경우도 수술 후 6개월이 지나면 대부분 재발을 한다. 하지만 오니시 박사의 치료법으로 심장치료를 받은 환자들은 재발이 거의 없었다고 한다.

해리포터를 쓴 저자 조앤 K. 롤링이 하버드 대학 졸업축사에서 상상력에 관하여 한 얘기를 들어보자. "여러분이 '사회생활'의 첫발을 떼며 진정한 현실 세계에 들어서는 이 순간에 나는 상상력의 중요성에 대해 말하고 싶습니다. 상상력의 진정한 위력은 물리적으로 같은 경험을 나누지 않고도 타인과 공감할 수 있게 하는 것입니다. 대개 사람들은 상상력을 행동으로 옮기려 하지 않습니다. 자신이 다른 처지에서 태어났으면 어땠을지 애써 상상하기보다는 오로지 경험한 것의 테두리 안에서 살기를 택합니다." 어릴 적 상상력이 풍부했던 조앤 K. 롤링은 글을 쓰는 것이 자신이 좋아하는 것이라고 확신하고 있었다. 그러나 어려운 환경에서 자란 부모님은 그녀의 지나친 상상력이 혹시 가난으로 이어지지 않을까 걱정했다. 그렇게 우려했던 그녀의 상상력이 그녀를 오늘날 세계 최고의 작가로 키운 것이다. 소설을 몇십 년을 써온 적도, 책을 펴낸 이력도 없었던 조앤 K. 롤링이 소설 분야의 최고봉에 오를 수 있었던 것은 상상력의 힘이 있었기 때문이다. 그녀의 상상력은 수많은 소설가와 작가들도 넘보지 못한 놀라운 결과를 만들어냈다.

사업을 하고자 한다면 생생하게 상상하는 방법을 활용해 보면 어떨까? 상상력이 현실이 되었을 때 놀라운 것을 이룰 수 있다. 병을 치료하고, 소설 분야의 최고봉에 오를 수 있다. 어떤 사업가가 되고 싶은지 생생하게 상상해 보자. 당신은 지금 어디에 앉아있는가? 안락한 의자인가? 접의자인가? 주변에는 누가 있는가? 그리고 방문해 있는 고객은 어떤 사람인가? 여자인가? 남자인가? 그냥 놀러 와 있는 사람인가? 뭐든지 상상해 낼 수 있다. 상상력의 힘은 우리에게 많은 것을 이루게 한다. 누군가 처음 달에 도달할 것이라고 상상했기에 달에 도달할 수 있었다. 자신이 무슨 업무를 하고 있는지 어떤 상황인지 생생하게 상상하라. 실행에 앞서 붓을 들어 그림을 그릴 수 있어야 한다. 그냥 상상해 보자. 나에게 맞는 모습은 무엇인가. 무엇을 상상했을 때 기분이 좋았는가. 좋은 옷을 입었을 때 기분이 좋았을 것이다. 그때의 기분을 기억해 보자. 기분이 좋아졌고 자존감이 높아졌을 것이다. 단지 옷 한번 바꿨을 뿐인데! 몸에 잘 맞는 옷을 입어보는 것만으로도 자신감이 살아나는 게 사람이다. 어떤 일을 하고 있고 어떤 분야의 기업가가 될 것인지를 상상해 보자. 그 상상이 현실이 될 거라고 믿으면 된다. 영업을 잘하는 기업가는 어떤가? 사람 만나는 걸 좋아하고 꿈이 크고 야망이 있는가? 뭔가 새로운 업무를 만나면 흥분되고 힘이 넘치는가? 그런 예비 창업자라면 성공확률이 높은 사람일 것이다. 인생은 도전하고 부딪치는 사람에게 기회가 열린다. 소망에 간절함을 더하면 믿음이 되고, 믿음에 약간의 노력이 더해지면 현실이 되는 것이다.

실전이
더 중요하다

생각만 하지 말고 실천하라

내가 골프를 처음 시작했을 때의 일이다. 드라이버를 잡고 힘껏 내려쳤다. 그리고 헛스윙을 날렸다. 공을 정확히 칠 수가 없었다. 힘을 빼고 정확히 치는 방법이 전제되어야 했다. 그래도 기분인데! 테니스 경력이 15년은 족히 되고 지역 테니스 대회에서 우승을 해본 실력인데 이것쯤이야 하고 생각했다. 역시나 잘 맞출 수가 없었다. 어쩌다 공이 똑비로 날아갔지만 말이다. 움직이지도 않는 공을 못 친다는 것이 말이 되지 않았다. 계속해서 시도해 봤다. 그러나 하루아침에 잘 칠 수는 없는 일이었다. 어느 날 갑자기 목표가 생겼다. 연습장에 등록하고 연습계획을 세웠다. 집중하고 몰입하면 원하는 것을 쉽게 얻을 수 있을 것 같았다. 그러나 결과는 좋지 않았다. 골프를 잘 치기 위해 무엇을 해야 할까? 골프 경력이 있는 사람이라면 바로 알 수 있다. 골프는 생각이 많을수록 잘 맞지 않는다. 머릿속에 잘 처보려는 생각이 많을수록 잘되지 않는다. 생각을 줄여가야 잘 칠 수 있다. 실전에서의 경험이 중요하고 그 경험이 몸에서 배어 나와야 잘 칠 수 있다. 이론과 실제의 차이라고 할 수 있다. 태권도, 유도, 검도 등의 단증을 소유한 유단자와 타고난 싸움꾼이 싸운다면 누가 이길 확률이 높겠는가. 실전으로 단련된 싸움꾼이 당연히 이길 확률이 높다. 그리고 연습장에서 연습만 하는 골퍼보다는 필드에서 실전으로 공을 많이 쳐본 사람이 골프를 잘 치게 되어있다. 연습장 프로라는 말이 있다. 열심히 한다고 해서 필드에서 실전으로 익힌 사람을 뛰어넘을 수 없다.

때로는 행동력이 흥패를 좌우한다

창업을 시작할 때 어떻게 할까 고민만 하는 사람보다는 플랜대로 바로 실천하는 사람이 성공확률이 높다. 부족한 점은 실행한 후에 보완하면 된다. 하나하나 개선하다 보면 연관된 다른 것들이 보이기 시작한다. 처음부터 다 잘할 수 없고 모든 플랜을 완벽하게 머릿속에 담아놓을 수도 없다. 오랫동안 준비했으면 플랜한 대로 실행해야 한다. 사람을 만나려면 전화번호를 누르면 된다. 신호가 가고 통화가 되면 만나자고 말하면 된다. 혹 상대방이 '나를 거절하면 어떡하지?라는 고민은 아무런 도움이 되지 않는다. 고민은 실행한 후에 해도 늦지 않는다.

　나는 한때 책을 좋아했다. 책을 읽다 보면 시간 가는 줄을 몰랐다. 관심 분야의 책을 읽다 보면 책 속에 또 다른 책이 소개되어 나온다. 세상엔 여러 종류의 책이 있다. 그냥 그런 책, 관심이 가는 책, 좋은 책이지만 읽기가 어려운 책, 이거다 싶은 책, 감동할 만한 책 등등…. 나는 『카네기 행복론』이란 책을 읽었다. 좋아서 읽다 보니 여러 번 읽게 되었고 카네기 과정이 있다는 것도 알게 되었다. 카네기 과정에 가고 싶어 전화번호를 눌렀다. 카네기 과정에 등록하고 싶다고 얘기했지만 수화기 너머 상담원의 반응이 의아하다는 투였다. '공무원이 왠 카네기?' 하는 느낌이었다. 궁금한 것을 여러 번 전화로 물어봤지만 시원한 답변을 들을 순 없었다. 할 수 없이 나는 기관에 직접 찾아갔고 그날부터 카네기인이 되었다. 지금 생각해 보면 잘한 선택이었고 새로운 인생의 시작이었다.

　첫 행동은 전화를 거는 것이다. 새로운 일과 사업을 시작할 때 전화를 거는 일은 너무 쉽다. 너무 쉬워서 실행에 옮기면 된다. 부동산 업계에 대해 알고 싶으면 공인중개사 사무실을 찾아가면 된다. 솔직하게 말하면 경계심을 풀고 많은 대화를 나눌 수 있다. 자신과 다른 업종에 있는 사람들은 경계심을 갖지 않는다. 같은 업종이라도 다른 지역에 창업할 생각이라고 안심시키고 대화를 나눠보면 된다. 행동하고 실행해 보면 많은 생각이 정리된다. 잘하고 있는 기업가도 만나보고 힘들어하는 기업가도 만나보자. 거기에서 많은 것을 알아낼 수 있다. 생각만 하고 있으면 고민만 늘고 힘들어진다.

이민규 작가는 자신의 저서 『실행이 답이다』에서 "평범한 사람과 성공한 사람의 차이는 지식이 아니라 실천에 있다."라고 말한다. 실천해야 성공할 수 있다는 얘기다. 성공한 기업과 그렇지 못한 기업의 차이는 전략의 실행에 있다는 말도 했다. 기업도 마찬가지다. 전략이 있지만 실행하지 않은 전략은 소용이 없는 것이다. 그리고 "실천하기 가장 좋은 날은 '오늘'이고, 실행하기 가장 좋은 시간은 '지금'이며, 결심을 실천하기에 지금보다 좋은 때는 없다."라고 말한다.

중요한 것은 실행이다. 플랜만 세워놓고 실행하지 못한 일들이 수없이 많았다. 총을 먼저 발사해 보고 다시 목표를 조준해야 명중시킬 수 있다. 먼저 실행해 보자. 하루하루 해야 할 일을 적어보고 실행하면 된다. 첫 단계에 해야 할 일과 다음 단계에서 해야 할 일은 다르다. 첫 단계는 작은 것들이고 쉬운 것들이 대부분이다. 첫 단계에 실행했던 것들의 경험이 쌓이면 다음 단계의 실행에 들어가도 되겠다는 생각이 든다. 물론 첫 단계가 잘못되고 실망스러운 경험으로 남을 수 있다. 그러나 그러한 경험들은 다음 단계의 더 큰 실행을 위한 좋은 보약이 된다. 첫 단계에서 몰랐던 것이 다음 단계에서는 보이게 된다. 실행해 보지 않고 했던 고민은 실행 후에는 전혀 문제가 되지 않을 수 있다. 이러한 실행의 단계를 밟다 보면 최종 목적지에 다다른다. 첫 시작을 두려워하지 말고 실행해야 한다. 첫 시작이 없으면 최종 목적지도 없다. 그렇다고 최종 목적지를 수정하지는 말자. 최종 목적지는 사업을 하고 나의 삶이 행복해지는 것이다. 나로 인해 한 사람이라도 행복할 수 있으면 된다. 그리고 내가 가진 부가 나를 자유롭게 해주면 된다. 이 최종적인 목적은 변하면 안 된다. 최종적인 목적을 위해 작고 쉬운 것부터 실행해 보자.

작게 시작해야
크게 성공한다

작은 곳에서부터 천천히, 한 걸음씩

1965년 17세의 프레드 드루카는 처음 레스토랑 프랜차이즈에서 샌드위치를 판매하면서 '서브웨이SUBWAY'의 CEO가 되었다. 나는 이런 회사의 성공스토리를 좋아한다. 현재 60개국 15,000개의 매장에서 연 매출 3조 원을 올리고 있다. 당시 그는 고등학교를 갓 졸업해 사업체를 운영해 본 경험도 없었다. 그는 학자금을 벌기 위해 1,000달러를 빌려 식당을 열었다. 그가 성공한 비결은 무엇이었을까? 그는 "누구든 작은 기업을 운영하는 과정에서 미래의 성공을 견인할 수 있는 중요한 원칙을 배우게 된다. 찬란한 결실을 바란다면, 작게 시작하는 것이 최선의 길임을 기억하라."라고 말한다. 그는 사업을 작게 시작해 크게 키웠다. 그를 두고 모두가 어렵다고 하고 사업 아이템도 좋지 않다고 했지만, 그는 작게 시작했기 때문에 성공에 이를 수 있었다. 또한 '이랜드' 박성수 사장은 어떠한가? 그는 이대 앞 보세 옷 가게 '잉글런드England'를 론칭하여 오늘날 최고의 기업으로 일군 사람이다. 5년간 근육무력증이라는 병과 싸웠고, 간신히 기력을 되찾은 그는 동대문 시장에서 처음 옷을 사다가 팔았다. 매출이 거의 없었던 가게를 오늘날 최고의 기업으로 성장시킨 비결은 무엇이었을까? 작은 2평의 가게에서 최선을 다했기 때문이다. 빌린 돈 500만 원으로 2평 남짓한 가게에서 시작했지만, 그곳에서 사업의 모든 것을 터득했다. 그는 "다른 제품보다 질 좋은 제품을 다른 이들보다 싸게 팔아야 한다."는 것을 알았다. 작은 곳에서 많은 것을 배울 수 있었다. 실패는 중요하지 않았다. 고객을 위해 무엇을 해야 하는지 쉽게 알 수 있었고, 2평의 사업장에서 사업의 본질을 알아냈다.

사업을 시작한다면 첫 업무는 어떠해야 할까? 그 시작은 어린아이와 같다고 할 수 있다. 어린 아기가 이제 겨우 걸음마 연습을 하고 있다면 쉽게 넘어지는 것은 당연하다. 넘어지더라도 크게 다치지 않으면 쉽게 일어날 수 있다. 세심하게 주의를 기울이고 첫걸음은 천천히 작게 내디뎌야 한다. 사업의 첫 시작을 작게 시작해야 하는 이유와 같다. 실패하더라도 다시 일어서기 위해 작게 시작해야 한다. 작게 시작하면 많은 이점이 있다. 이윤의 원인을 찾아내기 쉽고, 비용이 거의 들지 않으며, 조금만 아끼고 절약하면 이익률은 크게 올라간다. 불필요한 비용과 지출이 쉽게 파악되기 때문이다. 거래처와의 신용이 왜 중요한지, 고객이 진정으로 원하는 것이 무엇인지 파악할 수 있다. 매출은 당연히 올라갈 것이다. 작게 시작하면 실패에 대한 두려움이 없어지고, 쓰러져도 쉽게 다시 일어날 수 있다. 핵심을 파악할 수 있으면 사업이 쉬워진다.

처음부터 사업을 크게 시작하면 어떻게 될까? 엄마가 어린아이를 등에 업고 빠르게 걷고 뛰고 있다면 모든 게 쉽게 생각된다. 어린아이는 자신이 걷고 뛰고 있다고 착각하게 된다. 어린아이가 훌륭하게 성장하려면 많은 시간이 필요하고, 음식을 골고루 먹으면서 근력을 키워야 한다. 키가 커야 하고 가다가 넘어지면 일어나는 연습도 필요하다. 사업에서도 마찬가지다. 처음부터 크게 시작하면 자신의 능력이 과대 포장될 수 있다. 실패에 대한 대비가 없다면 회복하기 어려운 상황이 온다. 작게 시작해 본질을 파악하는 것이 더 빠른 길이고 크게 되는 길이다. 물론 사람마다 환경에 적응하고 발전하는 모습은 다르다. 그동안 성공적인 삶을 살아온 사람은 그 과정을 생략하기도 한다. 그러나 이제 사업을 준비하고 시작하려고 한다면, 자신이 이뤄놓은 성공을 빠르게 사업에 적용할 수 있는지 판단하여야 한다. 얼마만큼 준비했고 그 준비가 철저했는지에 따라 사업 성공 여부가 달려있을 것이다.

방향설정이 중요하다

처음 시작하는 사람은 방향을 잘 잡아야 한다. 어떤 방향으로 가야 할지를 정해야 한다. 이때는 시간적 투자가 절대적으로 필요하다. 그 누구보다도 사업을 시작한 자신만큼 시간을 투자하지는 않을 것이다. 처음에는 작은 사무실에서 사업을 시작하더라도 목표와 꿈이 작은 것은 아니다. 현재 자신의 위치는 중요하지 않다. 사업이 얼마나 성장하기를 꿈꾸고 있는가? 어떤 아이디어, 혁신적인 생각, 충성적인 고객을 생각하고 있는가? 여기에 노력과 수고를 더하면 당신은 성공을 앞당길 수 있다. 하나하나씩 준비하고 실행해 보면 된다. 사업을 시작하고 업무의 효율성을 높이기 위해 무엇을 해야 하는가? 효율성의 비밀은 작게 시작하는 데 있다. 작게 시작해야 사업의 본질을 알게 된다. 중요한 것이 무엇인지도 쉽게 알 수 있다. 훌륭한 직원을 뽑기 위한 기준이 무엇인가? 확신이 들기 전에는 혼자 시작하는 것도 좋은 방법이다. 작게 시작하다 보면 고객이 왜 나에게 찾아왔는지 알게 된다. 다시 올 가능성은 얼마나 되는지, 다른 고객을 소개해 줄 가능성은 어느 정도인지 알게 된다. 작다고 작은 것이 아니다. 작은 것에 최선을 다하면 큰 것이 되고, 사업이 커지면 수입은 늘게 되어있다. 그때 어떤 사람을 채용할지 고민하면 된다. 아르바이트 인력을 채용할지 집에서 놀고 있는 친구에게 부탁할지 판단이 선다. 처음부터 잘나가는 기업가가 되고 싶은가? 큰 꿈을 꾸며 사업을 크게 시작할 수 있다. 그러나 사업이 오래가기 위해서는 쓰러져도 다시 일어날 수 있어야 한다. 처음 시작은 작지만, 차츰 성공의 노하우를 습득해 가면서 발전하는 사업가가 되어야 한다. 답은 나와 있다. 처음부터 모든 것을 알고 시작할 수는 없다. 처음에는 사업에 대해 모르기 때문에 실수가 잦은 것이 당연하다. 작게 시작해야 실수를 만회할 수 있다. 실수의 경험이 많을수록 작은 성공의 경험이 쌓이는 것이다. 크게 성공하려면 작게 시작해 크게 키워야 한다.

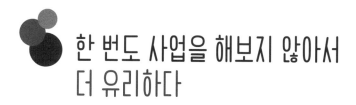

한 번도 사업을 해보지 않아서 더 유리하다

방향설정이 중요하다

버핏은 매년 주주들에게 주주 서한을 보낸다. 읽다 보면 단골 메뉴로 등장하는 여자가 있다. 바로 '로즈 고어릭 블럼킨' 여사다. 1893년생인 그녀는 러시아 민스크 지역의 작은 마을에서 태어났다. 그녀와 남자 형제 일곱 명은 방 두 개짜리 통나무집의 맨바닥에 볏짚을 깔고 잘 정도로 가난했다. 로즈는 미국으로 가는 것이 평생의 꿈이었다. 그는 가난을 피해야 했고, 지유를 원했디. 미국으로 가는 건 목숨을 건 도전이었다. 시베리아 열차를 타고 중국 텐진항에 도착한 그녀는 작은 배를 구해 일본에 도착했다. 그녀는 일본에서 다시 땅콩을 싣고 떠나는 화물선에 올라 3달 만에 미국에 도착할수 있었다. 그때 그녀의 얼굴은 퉁퉁 부어있었지만, 다행히 어느 이민자 단체의 도움을 받아 미국 생활에 적응해 갈 수 있었다. 한 번도 사업을 해보지 않았던 그녀는 1980년대 초에 미국에서 가장 큰 가구 매장을 세웠다. 넓이가 1만 2천m²인 단일 매장에서 일 년에 일천억 원이 넘는 매출을 올린다. 네브래스카주 오마하에서 최고의 가구 판매점을 세워 자신의 꿈을 실현한 것이다. 로즈 부인이 내걸었던 구호는 "싸게 팔자, 진실을 말하자, 속이지 말자, 반품받지 말자."였다. 그녀의 영업 방식은 도매상들에게 물건을 사서 고객들에게 10%의 이윤을 받고 파는 것이었다. 그러나 그녀가 소비자에게 물건을 너무 싼 가격에 판매했기 때문에 다른 상인들은 화가 나 있었다. 화가 난 상인들이 불만을 제기했고 도매상들은 그녀에게 가구를 납품할 수 없다고 했다. 위기가 있었지만 다른 지역 가구 도매상들에게 물건을 들여와 위기를 넘길 수 있었다. 버핏은 그녀에게서 5,500만 달러에 회사를 인수했다. 그가 인수한 이유는 그녀가 걸어왔던 고난의 역사, 그리고 그녀의 비범한 성격이 지녔던 힘 등이 버핏을 경외심으로 사로잡았기 때문이다. 그녀가 이런 거대한 기업을 이룩할 수 있었던 이유는 무엇이었을까? 그녀는 뚜렷한 목표가 있었고 이상이 있었다. 그리고 고객을 최우선으로 두었다. 고객에게 정직했기 때문에 싸게 팔 수 있었다. 그녀는 철저하게 비용을 절약했다. 절약해야 고객에게 가구를 더 싸게 제공할 수 있었기 때문이다.

경험하면서 전략을 수정하라

창업을 시작하면서 계획했던 것을 실행하기 위해 생각을 모으고 자료를 수집해서, 오랫동안 준비한 결과를 이제 실행할 때가 되었다면, 앞으로 성공을 충분히 누려야 할 시간도 올 것이다. 멋진 자동차도 사야겠고 최고급 주택에 수영장도 있으면 좋다. 대문을 열고 현관에 도착하기 위해서 최소한 몇 분이 걸릴 수도 있다. 모임에 가입하여 자신을 알려야 하고, 발전기금을 듬뿍 낸다면 회장도 될 수 있다. 멋지고 성공한 삶이란 이런 것이다. 이러한 삶은 로또에 당첨되어 즐기는 삶과는 분명히 다르다.

전문영역을 찾았고, 충성고객을 찾았다면 사업을 시작하면 된다. 먼저 어느 위치에 사무실을 얻어야 좋을까. 그래도 동종 업체가 많이 모여 있는 곳에서 사업을 시작해야 하지 않을까? 약간의 두려움이 있다. 물론 장소가 중요하지 않을 수도 있다.

다음으로 직원을 구해야 한다. 그렇다면 누구와 함께 멋진 사업을 시작할 것인가. 유능한 직원을 찾아서 같이 해보자고 설득해 볼 수 있다. 저녁 식사 약속을 잡았지만, 소주 한잔에 넘어갈 사람은 아닐 것 같다. 그럼 3차에 양주까지 먹이고 진심을 털어보면 어떨까? 그간 준비를 많이 했고 설득하면 충분히 가능성이 있을지도 모른다. 두려움이 다가온다. 과연 사업을 시작해도 될까?

두려움은 언제나 존재한다. 새로운 것에 대한 도전만큼 설레게 하는 것이 있을까? 수많은 장애물중에 마음속에 존재하는 장애물이 가장 큰 어려움일 것이다. '나는 돈이 없다.', '사업을 해본 적이 없다.' 등등 수많은 어려움이 놓여있다. 마음속에 두려움이 놓여있다면 도전을 통해 한계를 극복해야 한다. 가능성을 믿고 두려움의 벽을 넘어뜨려야 한다.

사업 경험과 아이디어가 없고 자금이 없다고 걱정할 필요는 없다. 사업을 하다 보면 부족함이 오히려 유리하게 작용할 수도 있다. 돈이 부족해 크게 시작할 수 없더라도, 오히려 그 편이 위험을 줄일 수도 있다. 돈이 부족해 많은 직원을 채용할 수 없어도 변화와 혁신 그리고 효율성을 가져올 수 있다. 사업을 한 번도 해본 적이 없지만, 창의와 혁신으로 사업을 시작할 수 있다. 처음 시도해 보는 아이디어로 인해 자신만의 경쟁력을 확보할 수 있다. 경험해 보면서 전략을 차츰 수정해 가면 된다.

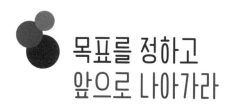

목표를 정하고
앞으로 나아가라

경험하면서 전략을 수정하라

"자세히 보아야 예쁘다. 오래 보아야 사랑스럽다. 너도 그렇다."

나태주의 시 '풀꽃'의 한 구절이다. 사람도 풀꽃처럼 자세히 보고 오래 보면 향기 나는 사람이 있다. 그 사람은 알아갈수록 향기가 더 하고 아름답게 보인다. 그러한 사람들과 사업을 같이한다면 멋진 경험일 것이다. 처음 시작은 어렵고 힘들 수 있다. 작은 실패와 시련이 찾아오지만, 그 과정을 극복하다 보면 자신과 지원들도 성장한다. 그 사람들과 목표와 비전을 공유하고 공감한다면 일하는 이유도 알게 된다. 일에 시너지가 생기고 사업이 쉬워진다. 어떤 일이 매출을 늘리고 효율성을 높일 수 있는지, 어떤 것을 개선해야 하는지, 오늘은 누굴 만나야 하는지, 매출처를 확보하기 위해 무엇을 준비해야 하는지, 가능성은 얼마나 되는지 알게 된다. 자신과 직원들이 이 과정에서 서로 공감하여 신나는 직장이 되는 것이다. 그동안 여행을 가기 위한 준비를 해왔다. 최종적인 목적지는 정해졌고 목적지를 향해서 출발해야 한다. 이제는 어떻게 가야 하는지 방법만이 남아있다.

당신이 현재 전주에 살고 있다고 가정해 보자. 전주에서 제주 한라산으로 여행을 가야 한다고 생각해 보자. 한라산에 가기 위해선 무엇을 준비해야 할까? 배를 타고 갈지, 비행기를 타고 갈지, 시간이 얼마나 걸리고, 중간에 어디에서 쉬고 머물러야 할지, 그곳에 가려면 어떤 도로를 이용해야 할지 등을 선택해야 한다. 여행 플랜을 세우는 것은 사업플랜을 세우는 것과 비슷하다. 먼저 동행할 사람을 정해야 하고, 운송수단을 선택해야 한다. 어떤 길로 가야 하는지 결정해야 한다. 목적지에 도달하는 방법은 다양하다. 안전과 효율성을 생각하면서 최선의 길을 찾아야 한다. 사업의 플랜을 세웠으면 처음 해야 할 일은 함께할 직원을 구하는 일이다. 잘하는 전문분야를 찾아 그 분야에 맞는 충성고객을 확보하기 위해 최선을 다해야 한다. 성장만을 외치고 위험에 대비하지 않는다면 위험에 처할 수 있다.

효율적으로 사업을 운용해야 한다. 현금은 사업을 건강하게 유지시키기 위한 피와 같다. 현금을 절약해야 하고, 관행적으로 처리하는 비용에 의문을 제기해야 한다. 불필요한 비용 지출은 오히려 성장을 저해할 수 있다. 빨리 가는 것도 중요하지만 안전하고 정확하게 가는 것이 더 중요하기 때문이다.

여행과 사업의 최종 목적지는 자신이 원하는 목표 달성이다.

일반 여행이 소중한 추억과 건강을 제공하는 과정이라면 사업 여행은 오랫동안 꿈꾸어 왔던 자유와 행복을 찾는 과정이다. 전주에서 최종 목적지인 한라산에 가기 위해서는 배편과 항공편 중에 하나를 선택해야 한다. 사업에서도 사업적 결단을 내려야 하는 순간이 온다. 결단을 내릴 때 우선 기준은 역시나 효율성이다. 교통수단을 타고 이동 중에 도로표지판과 이정표를 확인하는 것처럼 사업도 마찬가지다. 중간중간에 방향을 확인하고 점검을 해야 한다.

전주 효자동 전북도청 앞에 모여 승용차로 군산공항을 향해 출발한다고 가정해 보자.

3명이 모여 산타페를 타고 출발한다. 전주 월드컵 경기장을 끼고 돌면서 전주 군산 산업도로로 들어섰다. 지반이 약해 도로가 파인 곳이 종종 보인다. 속도를 낼까 하고 생각했다. 비행기 시간이 충분하고 급할 게 없어 보였다. 신호등도 거의 없고 주변 차들이 추월하면서 휙 지나간다. 속도위반 카메라 몇 개만 조심하면 얼마든지 속도를 내도 충분하다는 것을 안다. 그러나 빨리 가다가 사고라도 난다면 모든 것이 물거품이 될 수 있다. 여행을 망쳐버릴 수도 있다. 마음을 다잡고 안전 운행을 하기로 한다. 군산공항에 1시간 반 만에 도착했다. 분기별 플랜에 맞게 잘 해낸 것이다. 중간중간마다 사업의 위험요소인 과속과 단속 카메라를 피해서 안전하게 단기 플랜을 수행한 것이다. 공항에 도착해 보니 비행시간이 40분이나 남았다. 비행기 예약번호를 확인하면서 발권을 하고 수화물을 싣는다. 제주

공항에서 비행기 착륙시간과 날씨를 확인한다. 비행기를 선택한 일은 잘한 것 같다. 배편을 이용한 것보다 훨씬 빠르고 만족할 만한 교통수단이었다. 6개월 전에 미리 비행기 표를 예약했기 때문에 10퍼센트 할인된 가격으로 구매할 수 있었다.

사업은 순항하고 있다. 중간중간마다 변수가 생길 수 있지만, 철저히 준비했기 때문에 걱정이 없다. 제주공항에 비행기가 무사히 도착했다. 목적지까지 중간 단계를 지나고 있다. 사업 플랜의 중기플랜을 완수한 것이다. 목적지가 없었다면 서울로 향해 가고 있을지도 모른다. 목적지가 있었기에 시간을 허비하지 않았다. 동반자들과 수화물을 찾고, 예약했던 렌트카를 몰고 한라산을 향해 출발한다. 차 안의 내비게이션은 최단 거리로 안내 중이었다. 모든 상황이 플랜대로 진행되고 있다. 자동차의 연료계, 속도계를 확인하고 도로표지판과 이정표대로 달려가고 있다. 이상이 없다. 사업 전반에 걸쳐서 돈과 성장 속도를 파악하고 재무 건전성을 확인하는 것이다. 40분이 걸려서 목적지의 마지막인 성판악 탐방로 입구에 도착했다. 모든 일정의 마지막 단계인 등산로에 들어선 것이다. 멋진 여행의 마지막에 와 있다. 이제는 걸어서 올라가기만 하면 된다.

회사를 꾸준히 성장시키려면 플랜대로 나아가면 된다. 하루하루 일일 플랜표를 작성해야 한다. 단기, 중기, 장기플랜을 세워서 목적지를 향해 가면 된다. 플랜대로 실행하면 목적지에 다다를 수 있다. 목적지가 있었기에 한라산에 다다를 수 있었다. 목적지가 없었다면 백두산에 가 있을지도 모른다. 백두산에서는 백록담을 찾을 수는 없다. 목적지에 다다르는 과정은 다양하다. 큰 틀에서 플랜대로 나아가고 있으면 된다. 방향이 잠깐 수정되고 지체될 수도 있다. 하지만 목적지를 향하고 있다면 그 자체만으로도 좋은 여행이 된다.

3부

포도나무에 접을 붙여라

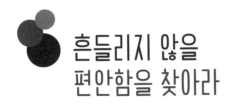

흔들리지 않을
편안함을 찾아라

편안함을 느끼는 상태란 어떤 것일까? 자신이 편안하다면 언제 편안함을 느끼는가? 두려움이 없고 자신감이 넘쳐있을 때다. 사업에 편안함을 느끼고 있다면 빠르게 성장하고 경쟁자들을 압도할 수 있을 때다. 따라오지 못할 정도로 성장이 빠르다면 분명 독점력을 가지고 있다는 것이다. 사업에 있어 독점력의 요인은 강한 특허, 낮은 비용의 원가 경쟁력, 탁월한 마케팅 능력, 제품의 편의성, 차별화된 서비스, 충성도 높은 수많은 고객 등이 있을 것이다. 경쟁자들이 넘보지 못할 정도의 독점력을 갖추고 있다면 편안함으로 이어진다. 명확한 목표와 비전이 있었기 때문에 오랜 세월 동안 수많은 시련과 위기를 극복할 수 있었다. 앞으로 어떤 어려움이 찾아와도 독점력을 계속 유지할 수 있다면 힘들거나 두렵지 않을 것이다. 미래에 대한 확고한 비전과 자신감을 유지할 수 있었던 이유는 바로 독점력을 소유하고 있었기 때문이다. 독점력 있는 기업은 만족과 편안함으로 이어진다.

　나는 어릴 적 시몬스 침대광고를 기억하고 있다. 흑백텔레비전 속에는 일반 침대 위에 볼링공이 놓여 있는 화면이 보인다. 첫 화면에선 두 사람이 일반 침대에 누워있다. 갑자기 한 사람이 일어나 침대 옆에 놓여 있는 텔레비전 화면 위로 올라간다. 또 다른 사람이 침대에 누워있는 사람 옆으로 뛰어내린다. 이제 기억이 날 것이다. 옆 사람은 튀어 올라 화면에서 사라진다. 이 광고는 시몬스 침대만의 차별화를 얘기하기 위한 전략을 갖고 제작되었다. 광고화면이 바뀌어 이제는 시몬스 침대가 놓여 있다. 침대 위에는 여러 개의 볼링 핀들이 세워져 있다. 한 사람은 벌써 침대 옆 텔레비전 화면 위에 올라가 있다. 두 손에는 볼링공을 쥐고 있다가 볼링핀을 세워놓은 침대 위에 볼링공을 떨어트린다. 다시 기억나지 않는가. 시몬스 침대 위에 세워져 있는 볼링 핀들은 움직이지 않고 그대로 서 있다. 놀랍다. 강력한 흑백텔레비전 광고가 지금도 기억에 남아있다. 시몬스 침대는 '흔들리지 않는 편안함'을 가졌다고 광고하고 있다. 시몬스의 포켓 스프링은 연결되어 있지 않고 각자 독립되어 있다. 포켓 스프링의 역할과 장점을 그대로 보여준 광고이다. 시몬스의 창업자 젤몬 시몬스는 1870년 미국 위스콘신주 메노사에서 9명의 엔지니어와 함께 침대사업을 시작했다. 스프링제조 기계특허권을 기반으로 제조공정의 혁신을 일으켰다. 높은 품질의 매트리스를 대량으로 생산하게 되면서 사업을 시작하게 된 것이다. 그는 특허 취득에 안주하지

않았다. 숙면에 대한 끊임없는 연구를 통해 역사상 가장 유명한 뷰
티 레스트Beauty Rest 제품을 탄생시켰다. 이 회사는 한 세기 반을 이
어져 왔다. 닮고 싶고 이루고 싶은 회사이다. 자신만의 철학을 고집
하면서 영속하는 기업문화를 만들어낸 것이다. 이 회사의 광고 문구
의 변천사를 보자.

> 편안함의 원칙을 지켜나갑니다. ▶ 다음 세대를 생각합니다. ▶ 품질에 대한
> 고집으로 기본원칙을 지킵니다. ▶ 침대를 넘어 인생을 만듭니다. ▶ 편안하고
> 기품 있는 침실문화의 시작, Since 1870 ▶ 시몬스의 역사가 세계 침대의 역
> 사입니다. 수면에 대한 열정으로 시몬스의 역사 시작.

고객의 만족과 감동을 위해서 끊임없는 변화와 혁신을 했고 특허
권에 안주하지 않았다. 이제는 '편안함' 하면 떠오르는 브랜드로 자
리잡았다. 그 누구도 매트리스 침대 분야에서 이 브랜드의 편안함
을 침범할 수 없다. 경제적 해자인 독점력이 생긴 것이다. 경제적 해
자란 기업을 보호해 주는 높은 진입장벽과 구조적 경쟁우위를 말한
다. 독립적인 포켓 스프링으로 연결고리를 차단하였고 경쟁자들이
침범해 오더라도 두려워하지 않을 확고한 자신만의 고유함(편안함)을
찾은 것이다. 시작하는 사업에 흔들리지 않는 편안함을 어디서 찾
을 것인가. 경쟁자들이 계속해서 쏟아져 나오고 있다. 앞으로도 경
쟁은 계속될 것이다. 당신에게 있어 흔들리지 않는 편안함은 남들이
해보지 않은 영역에 대한 도전일 수 있다. 일하는 조직에서 구성원

들의 단합된 힘일 수도 있다. 강력한 특허권이 당신을 보호해 줄 수도 있다. 충성고객을 확보하는 노하우가 독점력이 될 수도 있다. 업무 처리속도가 빠르고 경쟁사가 따라오지 못할 정도의 정확도가 있다면 독점력이 있는 것이다. 그 독점력이 만족감과 편안함을 느끼게 해줄 것이다. 독점력이 있으면 흔들리지 않고 걱정이 없다. 돈이 많다고 해서 독점력이 생기는 것이 아니다. 남들이 흉내 낼 수 없고 경쟁자가 나타나지 않는다면 더 강한 독점력이 존재하는 것이다.

맥도널드는 편의상의 독점력을 가지고 있다. 어떤 음식점도 1분만에 음식이 나오기는 어렵다. 맥도널드는 전통적인 방식으로 요리하지 않지만 만족할 만한 햄버거를 즉석에서 고객에게 제공할 수 있다. 음식이 빠르게 나오고 믿을 수 있게 되면서 독점력을 가지게 되었다. 월마트를 보자. 월마트는 저렴한 가격과 다양한 품목의 독점력을 가지고 있다. 남들이 함부로 흉내 낼 수 없는 단 하나의 그 무엇을 찾아 나서야 한다. 당신에게 필요한 편안함은 경쟁업체가 넘볼 수 없는 독점력에서 나온다. 편안함을 발견하려면 자신의 독점력을 찾아야 한다.

쉬운 것이 어려운 것이다

쉬운 예를 들어보자. 태어난 순간을 기억하는 사람은 없다. 기억하지 못하니 태어난 순간이 대수롭지 않게 여겨지고 만다. 하지만 한 생명이 탄생하기까지는 엄청난 경쟁률을 뚫어야 하고, 엄마의 산통이 있어야 한다. 숨을 쉬는 것 또한 특별한 노력을 필요로 하는 것이 아니다. 자연스럽게 있다 보면 그냥 저절로 된다. 모두가 쉽다고 생각할 수 있다. 그러나 최고봉인 에베레스트산에 올라가 보라. 숨을 쉬는 게 얼마나 어려운지 단번에 알 수 있다. 공기 중의 산소는 어디에나 항상 있는 게 아니다. 걷고 뛰고 달리는 것 또한 쉽다. 특별한 노력과 재능을 필요로 하는 것이 아니다. 산책하면서 언제든지 실행에 옮길 수 있다. 건강한 사람이라면 아무런 어려움이 느껴지지 않을 것이다. 그러나 장애가 있고 불편한 사람에겐 숨 쉬는 일마저도 결코 쉬운 일이 아니다.

어느 자동차 엔진 수리 전문가의 이야기이다. 자동차를 생산하는 공장의 생산라인에 문제가 발생했다. 생산라인을 돌려서 부품을 조립해야 하는데, 알고 보니 엔진에 결함이 있었다. 엔진 결함 문제를 해결하지 못한다면 전 공정을 멈춰야만 했다. 원인을 찾기 위한 노력은 성과가 없었다. 자칭 엔진전문가라는 사람들이 모여 시도해 봤지만, 결국 원인을 찾아내지 못했다. 자동차 회사는 엔진 결함을 찾아 해결한 사람에게는 50억 원을 주겠다는 공고를 냈다. 그때 기름으로 얼룩진 작업복을 입고 나타난 사람이 있었다. 그는 자동차 생산 공장에 도착해서 엔진 결함의 원인을 찾기 시작했다. 30분 만에 원인을 찾아 문제를 해결했다. 30분 만에 문제를 해결한 그에게 회사는 50억 원을 지급해야 했다. 50억 원은 아무래도 너무 많다고 생각한 회사관계자는 그에게 '해결한 노력에 비해 비용이 너무 많은 것 같다'라고 말했다. 그러자 그는 '문제의 원인을 찾기까지 30년하고 30분이 걸렸습니다.'라고 당당히 대답했다. 결국 그는 약속대로 50억 원을 요구했고 비용을 받아냈다고 한다. 문제의 원인을 30분 만에 찾아냈지만, 그것은 결코 쉬운 것이 아니었다.

입체파 화가인 '피카소'에 대한 일화도 있다. 어느 날 손에 종이를 든 낯선 여자가 피카소에게 말을 걸어왔다. "피카소 씨, 나는 당신의 열렬한 팬입니다. 이 종이에 저의 초상화를 그려주지 않겠습니까? 대가는 지급하겠습니다." 피카소는 그녀에게 미소를 지으며 단 30초 만에 그녀의 초상화를 그렸다. 피카소는 그녀에게 "이 그림의 가격은 50만 달러입니다."라고 말했다. 그러자 그녀는 "이 그림을 그리는 데 거우 30초가 걸렸는데요."라고 말하며 깜짝 놀랐다. 그러자 피카소는 "당신을 그리는 데 걸린 시간은 30년과 30초입니다."라고 말했다. 쉽게 그린 그림 같지만, 그 그림은 엄청난 가치를 지니고 있었던 것이다. 그러니 결코 쉽게 그린 것이 아니었다.

어느 날 고창의 도덕현 농부는 뉴스 화면에서 일본의 특별한 포도밭을 보았다. 그 포도밭을 보고 그는 그 특별한 포도나무를 재배해야겠다고 생각했다.

포도 농가처럼 어느 날 뭔가 해야겠다는 생각이 들 수도 있다. 관심 분야를 찾았고 사업을 시작해 보면 분명 성공할 것 같기도 하다. 어려울 것 같지도 않았다. 그러나 창업을 한다는 것은 오랜 시간을 필요로 하는 일이었다. 빨리 가고 싶겠지만 결승점은 가까이 있지 않았다. 처음 시작하는 사업의 길이 쉬워 보일 수 있지만, 사업을 장거리 마라톤이라 생각해 보자. 중간중간에 어려움이 찾아오면 신념이 약해지고 포기하고 싶을 때도 생긴다. 편한 길 같지만, 사업은 수많은 어려움을 극복해 가야 한다. 태어나기 위해서는 엄청난 경쟁을 뚫어야 하고, 숨을 쉬는 것도 상황에 따라 어려울 수 있다. 걷고, 뛰고, 달리는 것도 누구나 할 수 있는 것도 아니다. 건강이 허락되지 않으면 불가능한 일이다. 쉬워 보이지만 쉽지 않은 일이다.

쉬운 일은 여러 단계를 거쳐 보편화되고 일반화되어 간다. 하지만 보편화되고 일반화되는 과정은 오랜 시간을 필요로 한다. 비행기 내에 비치된 구명조끼 착용 매뉴얼을 보자. 1장짜리 매뉴얼은 누구나 쉽게 이해할 수 있다. 초등학생이나 문맹자라고 하더라도 간단한 그림 형태로 되어있어 이해하기 쉽다. 그러나 구명조끼 매뉴얼은 처음부터 쉽게 만들어지지 않았다. 다양한 사람들에게 적용하고 테스트해 보면서 수정해서 만든 것이다. 여러 시도 끝에 얻어낸 수확물인 셈이다. 사업도 마찬가지다. 사업을 한다는 게 만만치가 않다. 많은 시행착오를 거치고 혁신을 통해서 가능한 일이다. 1분 만에 나오는 햄버거는 언뜻 보기엔 만드는 과정도 간단해 보인다. 하지만 그렇다고 해서 한 번에 뚝딱 만들어진 게 아니다. 수많은 연구와 혁신이 있었기에 오늘날에 이를 수 있었다. 햄버거 만드는 공정 과정을 단순화시키기 위해서는 오랜 시간이 필요했다. 그러나 뭔가 시도하지 않으면 변화는 없다. 다양하게 생각하고 고민해 봐야 한다.

사업을 한다는 것은 일과 제품을 단순화시켜 시스템화할 수 있어야 한다는 소리다. 직원이 바뀌고 새로운 사람으로 업무를 시작했을 때 지장이 없어야 한다. 쉽게 배우고 따라 할 수 있는 시스템이 갖추어져 있다면 혁신이 이루어진 것이다. 단순화시키는 일은 어려운 데다가 오랜 시간이 걸리는 일이다.

평범한 일에도 혁신의 영역이 있을 수 있다. 평범한 일상에 의문을 제기해야 한다. 불필요하고 비효율적인 것을 개선하여 더 쉽게 만들 수 있어야 한다. 어렵지만 연구하고 찾아 나서면 된다. 개신해야 할 점을 찾았다면 문제를 해결하는 일에 집중하면 된다.

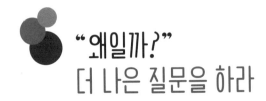

"왜일까?"
더 나은 질문을 하라

2001년 리드 해스팅스는 비디오 연체료를 물어야 했다. 그것도 40달러나 말이다. 그는 자문했다. "비디오를 반납하는 절차가 왜 필요하지? 그냥 집에서 월정액으로 볼 수는 없을까? 비디오를 반납하는 방법을 개선할 수 있으려면 어떻게 해야 하지?"라고 질문하기 시작한 것이다. 질문에 답을 찾아가는 과정에서 사업 아이템을 찾아냈다. 단순하면서도 핵심적인 통찰을 기반으로 '넷플릭스'라는 회사를 설립한 것이다. 반납절차를 간소화하기 위해 끝없는 질문을 했다. 서비스의 질을 개선해 나갔고 미국 전역으로 사업을 확대해 갔다. 마침 DVD 발명으로 사업은 탄력을 받게 되었다. 비디오테이프는 무겁고 부피가 크며 깨지기 쉬웠다. 반면에 DVD는 얇고 가벼우며 무한 반복 재생하더라도 같은 속도, 같은 화질을 유지하는 장점이 있었다.

가족이 운영하는 비디오 대여점은 너무 많았고 대여와 반납절차가 복잡했다. 비효율적인 유통방식은 곧 사라질 것이다. 그리고 잘 나가는 영화가 나오면 많은 사람이 한꺼번에 몰릴 것이다. 고객들의 불편사항은 갑자기 수요가 몰렸을 때 기다려야 한다는 것이었다. 불편사항을 개선하기 위해 생산적인 질문을 하게 되었고, 리드는 그 질문에 대한 답을 찾아냈다. 고객이 영화를 선택해 볼 수 있도록 웹사이트 개발에 성공하여 시장의 판도를 바꿀 새로운 사업 영역을 만들어 낸 것이다. 이제부터는 다양하고 수많은 영화를 구매하면서 시장점유율을 높이면 된다고 생각했다.

인터넷 기반으로 영화 대여 사업을 시작하게 되면서 리드는 새로운 방식의 서비스와 마케팅을 시작할 수 있었다. 요금체계를 월 정액제로 바꾸고 몇 편의 영화를 보든 똑같은 요금을 부과했다. 이제는 인기 있는 영화를 빌리러 갔다가 허탕을 치는 일이 없게 된 것이다. 물론 경쟁자들이 치고 들어올 것을 예견했지만 영화 대여 사업의 경쟁력과 독점력이 어디에서 나오는지 알고 있었다. 자신만의 경쟁력과 독점력을 가지고 있다면 경쟁사를 압도할 수 있다. 경쟁사를 압도할 수 있으면 사업이 쉬워진다. 당시 블록버스터와 디즈니는 넷플릭스를 경쟁사로 인식하고 있지 못했다. 그러나 넷플릭스는 지금 디즈니를 능가하는 회사로 성장해 있다. 더 큰 기업으로 성장시키기 위해서 필요했던 것은 질문하는 능력에 있었다. 리드 헤스팅스는 스스로에게 다음과 같이 질문했다. "더 많은 사람이 회원으로 가입하려면 무엇이 필요하지? 이 질문에 답을 찾아낸다면, 넷플릭스는 경쟁력과 독점력을 가질 수 있다고 그는 생각했다.

불편사항을 찾아내 개선하는 과정은 질문하는 힘에 있었다. 질문에 대한 답을 찾아가는 과정에서 핵심을 파악할 수 있었다. 그러려면 질문은 계속되어야 한다. 리드는 그의 질문에 대한 답을 샌프란시스코 지역에서 찾을 수 있었다. 샌프란시스코 지역에서 가장 많은 가입자가 있음을 알게 된 것이다. 특정 지역의 회원 수가 다른 지역과 2배 넘게 차이가 난다면 분명 이유가 있을 것이다. 그는 회의와 토론 그리고 설문을 통하여 그 이유를 찾아냈다. 샌프란시스코 지역의 넷플릭스 회원들은 최신영화를 다른 지역보다 빠르게 받아볼 수 있었다. 그 이유는 그곳에 물류센터가 위치해 있었기 때문이다. 그래서 넷플릭스를 애용했던 것이다. 당시엔 넷플릭스도 아직 DVD를 대여해 주는 식으로 사업을 운영하고 있었다. 이처럼 리드는 문제의 핵심을 파악해 나가면서, 인터넷과 DVD라는 놀라운 기술에 기반하여 넷플릭스를 오늘날 최고의 기업으로 성장시킬 수 있었다.

사업을 하는 과정에서 질문을 던져야 한다. 두뇌는 당신이 던진 질문에 대한 답을 찾게 되어있다. 계속해서 "왜일까?"란 질문을 던지면 된다. 그 과정에서 전혀 예상치 못했던 답을 찾게 될 수도 있다. 뇌는 놀랄 만한 잠재력을 가지고 있지만, 대부분 활용되지 않고 있다. 활용되지 않는 뇌를 사용하기 위해서 질문을 던져야 한다. 질문의 힘으로 잠자고 있는 뇌를 깨워야 한다. 자기 두뇌를 백 퍼센트 사용하고 있는 사람은 없다. 해결책을 찾으려면 질문을 던져야 한다. 한 그루의 포도나무에서 4천5백 개의 포도송이를 재배하려고 한

다면 어떤 질문을 해야 할까? 질문을 시작해 보자. 4천5백 개의 포도
송이를 재배하려면 어떤 포도 씨앗을 선택해야 하지? 포도나무 뿌
리를 튼튼하게 하려면 무엇이 필요할까? 질문의 답을 찾아가는 과
정에서 창의적인 생각들이 나온다.

성공한 기업가가 되려면 또 어떤 질문을 해야 할까? '어떻게 하면
잘할 수 있을까?', '업무의 효율성을 높이려면 무엇을 해야 할까?', '남
들이 하고 있지는 않지만, 우리만의 특별함은 무엇이 있을까?' 긍정
적이고 생산적인 질문에는 발전적인 해답이 나올 확률이 높다. '내
가 고객들에게 감동을 주는 방법엔 무엇이 있을까?', '고객의 어려움
의 해결방법은 무엇이 있을까?', '더 빠르고 정확한 서비스는 뭐가 있
을까?' 이러한 질문을 통해 사업적 어려움을 해결할 수 있어야 한다.

세 종류의 사람이 있다고 한다.

첫 번째는 개선할 점과 불편함이 있다는 것을 전혀 느끼지 못하
고 당연하게 받아들이는 사람. 두 번째는 개선해야 할 필요성과 불
편함을 느끼지만 참고 지내는 사람이다. 세 번째는 개선 사항과 불
편사항을 해결하기 위해 적극적으로 행동하는 사람이다. 세 번째에
해당하는 사람의 첫 특징은 질문을 잘하는 사람일 것이다. 질문할
줄을 모르면 발전이 없고 혁신을 이뤄내지 못한다. 방법을 찾고 헤
결하기 위해 질문을 해야 한다. 질문에 따른 답을 찾아가는 과정은
조그마한 불편을 개선하려는 노력과 같다. 평범한 질문에서 큰 사업
기회가 찾아올 수 있다. "왜일까?" 더 나은 질문을 통해 사업을 시작
해 보자.

성공하려면
'아니요'라고 말하라

성공의 의미는 이미 말했다. 경제적 자유를 얻고, 자기가 하는 일에 의미를 부여하고, 그 일에서 행복을 찾는 것이다. 그게 바로 성공이다. 그러나 열심히 노력한다고 해서 행복이나 성공이 저절로 찾아오는 것은 아니다. 사업을 시작하고 성공을 위해 노력했지만, 직원들의 봉급날을 걱정하고 부모님과 형제들에게 돈을 빌려야 할 상황이 올 수도 있다. 재정적으로 작은 성공을 이루어 많은 돈을 벌고 있지만, 하루에 15시간을 일하고 일주일에 8일을 일하고 있다면 행복하지 않을 것이다.

시험공부를 하거나 일에 대한 성과가 필요할 땐 누구나 노력을 한다. 하지만 성적과 성과가 반드시 노력의 양에 비례하지는 않는다. 성과는 노력만 있다고 해서 되는 것이 아니다. 사업에서도 전략이 필요하다. 모든 고객을 만족시킬 수는 없다. 맞지 않는 고객의 요구는 거절할 수도 있어야 한다. 열심히 하고 성실해야 하지만 언제나 누구에게나 그래야 하는 것은 아니다. 전략이 필요하다. 주요고객을 제외한 일반고객들에겐 상황에 따라 "아니요"라고 강하게 말할 수도 있어야 한다. 모든 고객에게 "아니요"를 외치라는 것이 아니다. 선택과 집중을 위해서 일반 고객에게 "아니요"라고 말해야 한다. 사업의 범위가 정해졌을 때에야 비로소 고객도 정해진다. 그 고객들을 충성 고객으로 만들어야 한다.

구글의 검색창을 보라. 그 흔한 광고 문구 하나 보이지 않는다. 모든 사람에게 광고하지 않는다. 검색창에 해당 키워드를 검색해 보자. 그 키워드와 연관된 업체의 광고가 그때부터 시작된다. 관련 키워드와 연관된 광고주는 어떤 고객에게 자신의 광고를 노출해야 효과가 높은지 알고 있다. 많은 사람에게 광고를 노출하고 있지 않다. 소수에게만 전달하는 광고가 훨씬 효과적이다. 광고 수는 적지만 효과는 크다. 때문에 맞춤 고객 한 명이 일반 고객 100명보다 나은 것이다.

어느 영세한 제과점 얘기를 들어보자. 이 제과점은 가업을 이어오며 2대째 빵집을 운영하고 있다. 이 지역에서는 어느 정도 알려졌고, 큰돈은 벌지 못했지만 그래도 괜찮은 수익을 올리고 있었다. 어느날 갑자기 대기업 빵집이 건물 하나를 사이에 두고 들어온다는 소식이 들려온다. 영세 제과점업자는 고민에 빠진다. 어떻게 하면 살아날 수 있을까? 그러나 특별한 방법이 없다. 일단은 영업시간을 늘릴 것이다. 특별할인에 들어가 제품 2개를 사면 1개를 더 주고, 빵맛을 더 고급화해 차별화해야 한다고 생각할 것이다. 경쟁자인 대기업 빵집을 물리치지 않으면 생존을 위협받을 수 있다고 생각한다. 그러나 여기에는 중요한 요소가 빠져있다. 경쟁자는 대기업 빵집이 아니라는 사실이다. 영세 제과점의 생존전략은 대기업 빵집을 물리치는 것이 아니다. 먼저 주요고객을 누구로 해야 할지를 정해야 한다. 아파트와 주택의 주민 모두를 고객으로 확보할 수는 없다. 영세 제과점은 근처 유치원이나 어린이집, 초등학교의 어린아이를 주요고객으로 정했다고 한다. 특정 고객이 정해져 맞춤형 빵을 제작했다. 어린이가 좋아할 빵에는 어떤 것이 있을까. 어린이들이 좋아하는 인기 있는 영화캐릭터 모양의 빵을 만들었다. 평범한 빵보다는 어린이 입맛에 맞는 빵을 개발해야 특정 고객을 만족시킬 수 있었다. 대기업 빵집에서 취급하고 있는 모든 빵으로는 경쟁에서 이길 수 없다. 특정 고객을 확보하고 그들에게 맞는 맞춤형 빵을 만들어야 한다. 빵 종류를 줄였지만 힘들어지지 않았다. 사업 범위를 좁혔지만 어려워지지 않았다. 대량으로 만들어 내면서 비용을 절약하게 되고 수익은 더 늘어났다. 고객의 수는 줄었지만, 매출은 늘었다. 일반 고객에게 '아니요'라고 말했지만 어려워지지 않았다.

치열한 경쟁에서 살아남기 위해선 고객을 특정해야 한다. 또한 고객이 필요한 것이 무엇인지 찾아내야 한다. 영세 제과점업자는 주요고객이 아닌 사람들에게 "아니요"라고 말할 수 있었다. 특정 고객에게 더 집중하기 위해서였다. 특정 고객을 확보하고 그들을 충성 고객으로 만들었다.

버핏도 성공하고자 하는 사람에게 말한다. "자신이 하는 일이 20개가 있다면 5개로 줄여라."라고 말이다. 사람들은 잘하지도 못하는 일에 너무 많은 시간을 허비한다. 잘하는 일을 선택해 집중할 수 있어야 한다. 시간은 지나가지만 일에 대한 성과는 사람마다 다르다. 계속해서 성과를 낼 수 있으려면 선택과 집중을 해야 한다. 고객을 선택해야 하고, 그 고객에게 집중해야 한다. 성공 가능성을 높이기 위해 사업 범위도 줄여야 한다. 충성 고객에게 최선을 다하기 위해 일반 고객에게도 "아니요"라고 말할 수 있어야 한다.

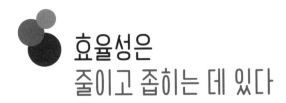

효율성은
줄이고 좁히는 데 있다

　점심시간이면 가끔 들르는 식당이 있다. 분식점처럼 김밥과 라면 종류, 떡볶이 등 다양한 음식을 팔고 있다. 음식 솜씨도 있고 인심도 후하다. 식당 아주머니에게 고3 수험생 아들이 있다. 아들을 위해 열심히 음식을 팔아야 하고 더 많은 돈을 벌어야 한다. 옆집에는 돈가스 전문점이 있다. 자신보다 음식 솜씨가 좋은 것 같지 않았다. 그럼에도 항상 손님으로 북적인다. 고3 엄마는 생각한다. 더 다양한 메뉴를 출시해야겠다고, 더 많은 양의 반찬과 음식을 고객에게 제공한다면 옆집처럼 손님이 북적일 것이라고. 지금도 메뉴가 30가지가 넘는다. 여기에다가 돈가스, 비빔냉면과 열무 냉면 메뉴를 추가한다. 양도 늘리고 맛도 좋으면 분명 많은 손님이 찾아올 것이다. 자, 그렇다면 이 고3 엄마는 똑똑한 것일까. 그녀에겐 분명 목표가 있지만, 무엇이 잘못되었는지 모르고 있다. 더 많이 벌기 위해 메뉴를 늘

렸고 더 많은 양의 음식을 제공했지만, 손님의 수는 늘지 않았다. 그저 "난 돈을 많이 벌어서 아들을 훌륭하게 키워야 하고, 스트레스 없는 세상에 살고 싶어."라는 목표를 갖고 있었을 뿐이다. 그녀는 생존의 덫에 걸려있는 것이다. 더 다양하고 많은 고객을 위해 메뉴를 늘렸지만, 손님의 수는 늘지 않았다. 30가지가 넘는 메뉴를 준비하기 위해선 그보다 더 풍부한 양의 재료를 준비하고 있어야 한다는 소리다. 하지만 손님의 수가 늘지 않으니 음식 재료는 자연스레 낭비하게 되는 셈이었다. 팔리지 않은 음식 재료는 신선도가 떨어질 수밖에 없었다. 그녀가 살아남는 방법은 간단하다. 메뉴를 줄여야 한다. 메뉴를 줄이더라도 고객은 줄어들지 않을 것이다. 줄이고 좁혔을 때 고객은 더 늘어나는 것이다. 30가지가 넘는 메뉴로는 살아남을 수 없다.

10억에서 50억짜리 상가 부동산만 거래하는 공인중개사가 있다. 이 공인중개사는 자신의 사업 범위를 정했다. 그것도 금액을 한정시켰고 부동산도 상가 건물로 범위를 좁혔다. 이 부동산이 망할 것 같은가. 절대 그렇지 않다. 전문화되어 가고 있다. 오히려 단골고객이 많아지고 매출도 늘어났다. 범위를 넓히는 것은 위험하다. 다 잘할 수 있는 사람은 없다. 많이 벌기 위해 다 할 수 있다고 한다면 그냥 난 평범한 사람이라고 말하는 것과 같다. 범위를 정하고 줄였을 때 우수고객을 확보할 수 있고 사업의 발전과 성장을 계속할 수 있다. 사업이 어려워지지 않으려면 고객을 줄이고 범위를 한정해야 한다.

목표와 플랜 없이 사업을 시작한다면 과녁 없이 화살을 쏘는 것과 같다. 과녁을 보지 않고 쏜 화살은 어디로 날아갈지 알 수 없다. 맞힐 확률이 낮을 수밖에 없다. 매출을 늘리기 위한 목표는 대부분 브랜드를 알리고, 시장점유율을 높이는 것이다. 거기에 사람들을 많이 알고 있다면 훨씬 더 좋을 것이다. 그러나 매출을 늘리기 위한 목표와 플랜도 전략이 필요하다. 경쟁자와 차별화하지 않으면 더 큰 경쟁 속에서 힘들어질 뿐이다. 같은 방법과 전략으로는 살아남기 힘들다. 살아남고 승리하기 위해 사업 범위를 줄이고 고객을 한정해야 한다. 이것은 우리의 상식을 벗어나 있고 현상을 거스르는 것이다.

물론 창업 초창기에는 사업범위를 한정하고 좁히는 것이 어려울 수 있다. 처음에는 한 명의 고객이라도 소중하기 때문이다. 가뜩이나 고객이 없는데 사업 범위를 줄이라고 하면 이해하기 힘들다. 여기서부터 유혹에 빠지게 된다. 더 많은 고객을 확보해야 하고 더 많은 분야의 제품 및 서비스를 해야 한다고 생각한다. 지금 당장 매출이 없기 때문이다. 그러니 유혹에 흔들리는 것은 당연하다. 하지만 고객은 전문성을 가진 것을 신뢰한다. 그 신뢰를 바탕으로 당신은 우수고객을 쉽게 확보해야 한다.

사업이 어려운 이유는 간단하다. 선택과 집중을 하지 못해서다. 사업범위를 줄이고 좁혔을 때 효율성과 성공 확률이 높아지는 것이다. 전문화된 영역이 정해졌다면 누굴 만날지 알 수 있고 시간의 효율적 사용이 가능하다.

법무사 업무를 시작하는 것도 마찬가지다. 일을 시작할 때 유의할 사항 몇 가지를 살펴보자.

첫째, 자신의 전문분야를 정하고 고객을 한정해야 한다. 처음부터 다 할 수 있다고 말한다면 자신을 속이는 것이다. 전문화했으면 그에 맞는 충성고객을 확보하기 위해 노력해야 한다. 물론 전문분야가 아닌 분야와 관련한 고객 의뢰가 들어올 수도 있다. 그것을 거절하기란 쉽지 않다. 거절하면 어렵게 확보한 고객을 놓치게 될 수도 있기 때문이다. 그럴 땐 나보다 더 전문화된 사람에게 고객을 소개시켜주면 된다. 그것은 고객을 위한 일이다. 또한 이렇게 대처할 경우 이 고객에 대한 나의 인상도 좋아질 수 있다.

선택과 집중은 사업 범위를 정했을 때 발휘된다. 사업 범위를 줄이고 좁혔을 때 모든 사람이 아닌 우수고객을 정할 수 있다. 한정된 시간에 모든 사람을 다 만날 수는 없다. 효율적 시간 관리를 위해 우선순위 상단에는 우수고객 명단이 올라와 있어야 한다. 최우선으로 우수고객을 만나야 시간이 절약되고 매출 성장으로 이어질 수 있다. 수많은 고객 중에 큰 매출로 이어질 우수고객을 확보하기 위해서는 전문화된 영역을 찾아야 한다. 불안하다고 생각할 수 있지만 다른 사람들과 차별화하기 위해서는 업무영역을 특정해야 한다. 잘하는 분야를 찾아야 한다. 전문영역이 정해지면 사람을 만나더라도 누가 자신의 잠재고객이 되고, 충성고객이 될지 빨리 파악할 수 있다.

둘째, 고객을 위해 전문가들과의 인적 네트워크가 필요하다. 전문성을 가진 법무사, 세무사, 회계사, 변리사, 변호사들이 있다. 이들은 상생업종 군이라고 불린다. 그들과의 연결이 필요하다. 서로의 고객을 공유하는 것이 필요하다. 충성고객을 위해 그 분야의 전문가들과 연결되어 있으면 된다. 그 전문가들과 친밀하게 연결되어 있지 않다면 충성고객에게 최선을 다할 수 없다.

SNS를
활용하라

1960년 자동차 판매왕 '조 지라드Joe Girard'는 15년간 1만 3,000대의 차를 팔았다. 12년 연속 기네스북에 올랐고 포브스지에 '세기의 슈퍼 세일즈맨'으로 선정되기도 한 사람이다. 그는 35세까지 세상에서 가장 실패한 낙오자였다. 고등학교를 퇴학당했고 직장에서 매번 쫓겨났다. 어린 시절에는 아버지의 끊임없는 매질과 폭언이 있었다. 그는 살아야 할 이유를 찾지 못했다. 도둑질을 하다가 발각되어 유치장에 들어가기도 했다.

조 지라드가 처음 보험을 시작하게 된 이유는 절박함이었다. 자동차 보험을 시작했을 때도 그리 좋은 환경이 아니었다. 아는 사람은 많지 않고 주변 사람들도 자동차를 살 만한 여유를 가지고 있지 않았다. 자동차 세일즈의 시작은 공중전화 부스였다. 공중전화 부스에 매달려 있는 전화번호부 책에는 사람들의 이름이 적혀있었다. 그는 책의 중간 부분 종이 몇 장을 찢어 왔다. 그리고 전화를 걸었다. 영업사원 업무의 시작이었다. 그리고 판매의 신이 되었다. 아무도 깨트리지 못한 자동차 판매왕이 된 것이다. 수많은 자동차를 판매하면서 그는 원칙을 찾아냈다. 1:250명 법칙이다. 250명 법칙이란 한 사람이 결혼식, 장례식을 치를 때 찾아오는 사람들의 평균적인 숫자다. 한 사람에게 완벽한 믿음과 호감을 얻게 되면 250명의 고객을 확보할 수 있다는 것이다. 하루에 열 명의 마음을 얻게 된다면 2,500명의 고객을 확보할 수 있다는 얘기도 된다.

전화번호부에 적혀있는 한 사람으로부터 시작한 조 지라드는 절박함으로 세일즈 신화를 써 내려갔다. 그는 판매의 모든 것이 사람에게 있다고 믿었다. 현재 바로 앞에 마주앉은 사람에게 최선을 다하면 그 사람이 250명의 고객을 가져올 수 있다고 생각했다. 그 250명이 다시 250명의 고객과 연결된다면 62,500명이 될 수 있다는 것이다. 당시에는 인터넷이 발달하지 않았다. 열심히 한 사람에게 최선을 다했을 때 연결될 수 있는 사람의 숫자다. 지금도 조 지라드의 판매기록은 깨지지 않고 있다.

오늘날 조 지라드가 자동차 영업을 한다면 어떤 방식으로 했을까. 블로그, 페이스북, 인스타그램, 밴드 등 SNS를 활용할 것이다. 그것은 많은 사람에게 자신을 알릴 최고의 방법이기 때문이다. SNS를 이용하면 자신을 알고 있는 사람의 수가 몇백 배로 확대될 가능성이 있다. 물론 한 사람이 판매할 수 있는 자동차 판매 대수가 오늘날 몇백 배로 늘지는 않았다. 2007년, 처음 미국에서 아이폰이 출시

되면서 SNS가 빠르게 보편적인 소통수단이 되었지만 조 지라드의 12년 연속 판매왕 기네스북 기록은 깨지지 않았기 때문이다. 그럼에도 불구하고 사업을 시작하고 전문분야를 찾았다면 홍보하는 방법이 필요하다. 최근 사람들이 많이 모여 있는 곳이 SNS의 공간이기 때문에, SNS를 활용하면 더 많은 고객을 확보할 수 있다. SNS 가상공간에서 자신과 자신의 직업을 알려야 한다.

오늘날 조 지라드가 SNS를 활용해 영업을 시작한다면 자신의 계정을 만들고 충분한 시간과 노력을 투자할 것이다. 매출을 올리고 브랜드를 홍보하고, 자신을 알렸을 것이다. 그러나 SNS에 홍보 글을 많이 올리고 자주 올린다고 해서 그것이 곧바로 매출과 연결되는 것은 아니다. 자신만의 콘셉트를 잡고 SNS를 이용해야 한다. 자신은 사람들을 좋아하고 사람에게 도움을 주는 일에 행복함을 느끼는 사람이며, 이웃들의 상처와 아픔을 공감하는 사람이라는 콘셉트는 어떤가. SNS를 이용하지만 판매를 위한 광고 글이 아닌 사람들과의 공감 글을 이용한다면 자동차 판매는 더 늘어날 것이다.

당신도 SNS 등을 사용하고 있을 것이다. 아직 한 번도 이용한 적이 없다면 분명 활용할 시기가 온다. 충성고객을 확보하기 위해서는 어떻게 활용해야 할까? 전문분야가 무엇인지 알려야 한다. 도움이 필요한 사람들에게 SNS를 활용해 도움을 줘라. 많은 것을 알려줘라. 자신만 알고 있는 지식과 전문성을 누군가에게 알려주었다고 해서 당신의 사업이 망하는 것은 아니다. 자신의 전문분야에 대하여 SNS상에 올리고 알려라. 필요한 사람에게 방법을 알려주면 그 사람은 도움을 받은 후 다른 사람에게 당신을 홍보해 주는 마케터가 된다. 분명 SNS는 사업에 도움이 된다. 오랜 기간 SNS를 활용하다 보면 자신이 SNS 전문가가 될 수도 있다. 필요하면 활용하고 이용해 봐야 중요성을 알 수 있다. 그러나 모든 것을 잘할 수는 없다. 사업이 이제 어느 정도 안정권에 들어와 있고 조금만 더 노력하면 업계에 선도적인 사업가가 될 수 있다고 느낄 때 전문가를 찾아 나서라. SNS 전문가의 도움을 받으면 된다. 이미 알려진 명성에 날개를 달게 되는 것이다. 직원을 신중하게 뽑듯이 자신의 사업 방향과 정체성을 이해할 수 있는 SNS 전문가를 이용하면 된다.

나도 상속등기를 법무사에게 의뢰한 적이 있다. 전문 인력이 있다면 중요한 일은 그 사람에게 맡기고 자신은 그 외의 집중할 수 있는 다른 일에 최선을 다하는 편이 좋다. 햄버거 배달도 다른 용역업체를 활용하는 시대다. 아이를 돌보고 개를 산책시키는 일까지도 다른 사람에게 맡기는 세상에 살고 있다. 당신의 전문영역을 공유하고 알렸다고 사업에 타격을 주지 않는다. 도움이 필요한 사람은 당신의 도움으로 고마움을 느끼게 된다. 그리고 많은 도움이 되었다고 느끼면 그 사람은 가만히 있지 않고 소문을 퍼트려 알린다.

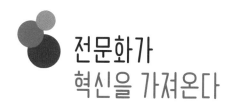

전문화가
혁신을 가져온다

혁신영역을 일으키기 위해선 어떻게 해야 할까?

고객에게 감동을 주고 최선을 다하면 혁신이 일어나는 것일까? 꼭 그렇지만도 않다. 성실히 임한다고 해서 혁신이 일어나는 것은 아니다. 뭔가 불안하고 갈피를 잡지 못하고 있다면 당신은 혁신 분야가 없다고도 볼 수 있다. 혁신영역을 일으키기 위해선 어떻게 해야 할까.

우선 자신만의 전문분야를 찾아야 한다. 성실하고 열심히만 해서는 안 된다. 남들은 가지고 있지 않지만, 당신만이 가지고 있는 무언가를 찾아야 한다. 경쟁자에겐 없는 나만의 무언가가 있어야 한다. 다른 사람들과 다른 무언가를 찾아내야 한다. 자신만의 전문분야를 파고들어야 한다. 자신의 재능을 발휘할 수 있고 다른 사람에게 도움을 줄 수 있으면 된다. 또한 그 일이 행복을 가져다주면 된다. 그래야 경쟁자와 차별화를 이룰 수 있다. 전문분야가 정해지면 당신은 그 분야에서 앞서 나갈 수 있다. 혁신은 잘하는 특정 분야를 찾아가는 과정이라고 할 수 있다. 그렇다면 전문분야가 정해지면 어떤 면이 좋을까.

첫 번째, 회사 내에서 인사조직의 변화를 가져올 수 있다.

업무의 개선을 위해 어떤 직원이 어느 부서에서 일해야 효율적인지 알 수 있다. 회사의 비전과 목표도 정해진다. 직원들도 마찬가지다. 자신이 무엇을 해야 하는지 알게 되었을 때 최고의 역량이 발휘될 수 있다. 평생직장이라는 개념을 심어주고 싶다면 회사의 목표가 정해져야 하고 그 목표는 구체적이어야 한다. 전문분야를 정해야 하는 이유이다.

두 번째, 직원들의 업무배치가 효율적으로 이루어진다.

직원들에게 적합하게 배분된 업무는 자신이 무엇을 해야 하는지 알게 되고, 잘해야겠다는 동기 부여가 될 수도 있다. 전문분야가 정해지면 직원들의 업무도 구체적이고 명확해진다. 개선해야 할 점과 불필요한 것들이 보이며, 낭비되는 일도 줄어든다. 비용 절감으로 이어진다. 그리고 전문분야가 정해지면 주요고객 리스트를 알 수 있다. 어떤 고객이 충성고객이 될지, 누구에게 최선을 다해야 하는지도 명확해진다. 충성고객을 위해 할 수 있는 것이 무엇인지 쉽게 알 수 있다. 고객이 빠른 업무처리를 원하면 '더 빠르게 처리할 수는 없을까?' 하고 생각하게 된다. 전문화가 혁신을 가져오고 혁신을 통해 사업 성장을 이룰 수 있다.

그렇다면 어떤 고객이 충성고객이 되는 것일까. 누구나 충성고객이 되는 것은 아니다. 회사의 주인이라면 어떤 고객이 회사의 충성고객이 될지를 알고 있어야 한다. 10대 여성일지, 60대 이상의 여성일지, 시골에서 농사를 짓는 농부일지, 도시에 사는 근로자일지, 직장여성일지, 전업주부인지, 공장 근로자일지, 회사 대표일지 선택해야 한다. 주된 고객의 범위가 정해져야 사업이 쉬워진다. 누구를 상대로 사업을 할지 정하는 것은 참으로 중요하다. 사업을 하는 근본적인 목적은 이익을 내는 것이다. 이익을 내려면 고객을 특정할 수 있어야 한다. 고객이 누구인지도 모르고 사업을 한다는 것은 우물가에서 숭늉을 찾는 것이다. 실패로 가는 길일 수밖에 없다. 고객이 정해졌다면 이제부터는 많은 것이 유리해진다. 누구에게 최선을 다해야 하는지 알게 된다. 그들의 관심사가 무엇인지도 찾아 나설 수 있다. 그것이 혁신의 출발점이다. 고객이 진정으로 원하는 것은 싼 가격과 저렴한 수수료는 아닐 것이다. 싼 가격과 저렴한 수수료 때문에 당신을 찾았다면, 고객은 당신을 진정한 파트너로 생각하고 있지 않다는 증거다. 갑을관계로 생각하고 있다는 증거다. 그러한 관계는 오래가지 못한다. 다른 경쟁자가 더 싼 가격을 제시하면 그 고객은 언젠가 쉽게 떠날 것이다. 고객이 진정 원하는 것이 무엇인지 찾아 나서야 한다. 원하는 것을 찾다 보면 충성고객을 만들 수 있다. 오랜 친구 같은 고객을 찾아 나서야 한다. 고객의 고민을 해결해 주고 감동을 선사하라. 그 감동은 오랫동안 기억에 남아 보답하게 될 것이다.

4부

스토리를 만들어라 (마케팅)

목표를 정하고 연습을 습관화하라

스마트폰은 21세기의 위대한 발명품이라고 할 수 있다.

그렇다면 스마트폰은 어떻게 생겨나게 된 걸까. 스마트폰 역시 하루아침에 뚝딱 만들어진 것이 아니다. 여러 번의 시도를 통해 탄생한 것이다. 지금도 스마트폰은 매해 새로운 모델로 갱신되고 있다. 창의적인 시도일수록 새로운 제품일 확률이 높다. 최고가 되기 위해서는 끝없이 노력해야 한다.

프로골퍼로서 성공을 꿈꾸는 골프 선수도 마찬가지다.

골프 연습을 끊임없이 계속해야 한다. 목표달성에 방해되는 요인들을 찾아내고 그것을 제거해야 한다. 용인하지 말아야 한다. 반복적인 실수와 부족한 부분은 연습을 통해 극복해야 한다. 근본적인 문제를 해결하기 위해서는 문제의 원인을 정확히 진단할 수 있어야 한다. 플랜을 세우고 수많은 노력도 해야 한다. 플랜대로 진행된다면 성과를 이뤄낼 수 있고 성공할 수 있다. 그러나 노력이 없다면 목표달성도 불가능하다. 그렇기 때문에 반복적인 연습과 노력이 필요하다. 또한 이것을 습관화할 수 있어야 한다. 포도나무에서 4천5백 송이의 포도를 재배하기 위한 연구도 반복된 습관의 결과물이다.

셰익스피어의 '햄릿'에 다음과 같은 독백조의 구절이 등장한다.

A)

"사느냐 죽느냐, 아, 거기에 핵심이 있다. 죽고 잠드는 것, 그것이 전부인가? 그래, 그러하다. 아니, 잠들고 꿈꾸는 것, 아, 결혼하고, 그렇게 가는 것, 그런 죽음의 꿈을 꾸는 동안, 우리가 깨어있을 때, 그리고 영원히 변치 않는 심판이 내려지기 전에 태어날 때, 아무도 돌아오지 못할 곳으로부터, 발견되지 않은 나라, 그것을 보자마자 행복한 웃음을 짓는 사람, 그리고 저주받아 지옥에 떨어진 사람들."

이 구절은 셰익스피어의 초고에서 등장한다. 초고를 쓴 후에 여러 번의 퇴고과정을 거쳐 다음과 같은 구절이 탄생하게 되었다.

B)

"사느냐 죽느냐 그것이 문제로다. 가혹한 운명의 돌팔매와 화살을 맞고도 견뎌야 하는가. 아니면 고난의 바다에 대항하여 무기를 들고 싸워야 하는가? 어느 것이 고결한 마음인가? 죽는다는 것은 잠드는 것일 뿐 잠들면 마음의 고뇌와 육신이 지닌 수많은 고통을 끝낼 수 있다고 말하노니, 그것은 열렬히 바라

마지 않는 생의 극치인 것이다."

A와 B의 차이를 느낄 수 있을 것이다. 처음 시작은 모방을 통해서였다. 그러나 좋은 문장을 만들려면 수많은 수정과정이 있어야 한다. 그리고 위대한 명작은 반복된 수정과정의 습관을 통해 탄생된다. 이와 같은 명대사는 반복된 습관의 결과물이다. 그러나 무조건 반복하고 습관화한다고 해서 좋은 결과물이 나오는 것은 아니다. 본인이 원하는 목표가 무엇인지 명확해야 한다. 그래야 반복할 수 있고 습관화할 수 있다. 본인이 원하는 목표가 없다면 쉽게 포기하고 만다. 포도나무에서 많은 포도가 열리게 하기 위해서 4천5백 송이의 목표가 있었고, 인류에게 혁신적인 제품을 제공하기 위해서 완성도와 수준 높은 제품을 만들려는 목표가 있었다. "난 건강해지고 싶어."라고 말하는 것은 목표가 될 수는 없다. 그보다 훨씬 구체적이고 명확해야 한다. 어떤 포도나무로 키우고 싶은지, 어떤 기업가가 되고 싶은지, 어떤 법무사가 되고 싶은지를 정해야 한다. 연 매출 100억을 목표로 하는지, 어떤 전문분야를 키워야 하는지를 정해야 한다. 언제까지 목표를 이뤄야 하는지 기한도 정해야 한다. 목표와 플랜이 생겼다면 성공 확률이 70% 정도 높아진 것이다. 우리는 역사를 통해 어떤 위대한 성취도 한 걸음부터 시작했다는 것을 알고 있다. 목표와 플랜이 정해졌기 때문에 매일 실천해 나가면 된다. 그리고 수많은 시도를 반복하면 된다. 안 된다고 좌절하지 말고 실패를 습관화해야 한다. 그래야 성공을 앞당길 수 있다.

자신만의 재배법으로
시작하라

자신만의 특별 포도 농법을 연구하라

한 그루에 4천5백 송이가 열리게 하려면 가지가 길게 뻗어 나오게 해야 한다. 뿐만 아니라 뻗어 나온 가지를 잘 보살펴야 한다. 한 그루에 집중하고 승부를 걸어야 4천5백 송이의 포도가 열리기 때문이다. 그래야만 자신만의 농법을 개발할 수 있다. 특별한 포도나무는 거저 얻어지는 것이 아니다. 끝없는 노력과 인내가 있어야만 재배에 성공할 수 있다. 뿌리를 튼튼하게 키우기 위해선 특별한 퇴비를 사용해야 한다. 가지가 길게 뻗어 나오게 하려고 포도나무 줄기에 더 좋은 묘목으로 접을 붙여야 했다. 연구를 계속하기 위해서 전문가를 찾아 나섰고 자신만의 재배법을 찾아낸 것이다.

자신만의 사업 분야를 특정했으면 자신만의 재배법으로 사업을 시작해야 한다. 자신만의 재배법을 찾아 시작해 보자. 자신만의 재배법을 찾았다면, 이번에는 고객을 어떻게 확보할 것인가에 대해 고민해야 한다.

만약 기업 컨설팅 회사를 창업했다고 가정해 보자. 고객을 확보하기 위해 무엇을 해야 할까. 자신만의 방법으로 고객에게 편안함과 감동을 주어야 한다. 고객이 이제 막 시작한 벤처 기업이라면 무엇을 제공해야 하는지를 찾아보자. 이 기업은 이제 막 사업을 시작했다. 무엇을 하고 있는지, 필요한 것이 무엇인지를 알아내야 한다. 정책자금을 받게 해줘야 하고, 저금리 대출을 받게 해주어야 한다. 동종 기업 중에 성공한 사업가를 연결해 주고 사업에 조언을 받게 해줘야 한다. 그러한 일은 자신과 고객을 특별한 관계로 연결하는 일이기도 하다. 좋은 관계를 유지하고 어울리다 보면 많은 것을 도와주고 싶어진다. 도움은 서로를 친밀하게 하고 더욱 가깝게 만든다. 자신만의 재배법으로 고객을 확보했다면 사업의 방향을 잘 잡아가고 있다고 봐야 한다.

진짜 내 고객을 찾아라

많은 고객을 확보해야 더 많은 매출을 달성할 수 있다. 맞는 말이다. 그러나 단골고객을 만들고 싶다면 말이 좀 달라진다. 많은 사람을 만난다고 해서 고객이 저절로 만들어지는 것은 아니다. 진짜 내

고객은 그중에 단 몇 퍼센트에 지나지 않는다.

사업 분야를 특정했고 고객을 한정해야만 한다. 그래야 자신만의 재배법이 탄생한다. 재배법이 특별하고 남들과 다르면 성공 확률이 높다고 볼 수 있다. 유럽산 포도나무 씨앗으로 종자(특정 사업 분야)를 정했고 열매 기능이 좋은 특정한 묘목(특별한 고객)으로 접을 붙여 특별한 포도나무 재배에 성공한 것과 같은 원리다. 작은 것에 집중하지 못하면 큰 것을 놓치게 된다.

고객이 정해졌다면 특정 고객에게 집중해야 한다. 잘해야 할 대상이 있어야 할 일이 명확해지는 것이다. 자신만의 재배법으로 사업을 진행해야 한다. 고객의 작은 불만과 개선 사항을 파악했다면 전체적인 업무 시스템의 개선점이 보이기 시작한다. 필요하지도 중요하지도 않은 일은 과감하게 없앨 수 있어야 한다. 그래야만 사업 전반의 효율성이 높아진다.

주요고객을 설정해야만 일의 우선순위를 정할 수 있다. 모든 사람을 고객으로 확보하려 한다면 평범해질 뿐이다. 그것은 자신만의 재배법이 아니다. 자신의 에너지와 시간을 낭비하지 않으려면 모든 일을 하고 모든 고객을 확보하려고 하지 않아야 한다. 그것은 자신을 너무 피곤하게 만드는 일이다. 자신에게 들어오는 수입이 많지도 않다. 한 분야를 파고들고 고객을 한정해야 한다. 그 분야의 선도적인 사업가가 되면 된다. 그것이 업무의 효율성을 높이는 일이고 자신만의 재배법을 찾는 일이다.

주인의식을 가지고 적극적으로 참여하라

투자 분야에서도 자신만의 재배법이 있어야 한다. 한때 나는 주식투자에 온 신경을 쏟았다. 2008년 로만손이라는 종목이 나의 눈에 들어왔다. 이전까지 여러 회사의 주식에 투자해서 올린 수익률은 변변치 못했다. 아무리 좋던 회사의 주식도 10~20%의 수익률을 넘지 못했다. 물론 마이너스 수익률을 기록한 종목은 더 많았다. 나는 로만손이란 회사의 주식을 2018년까지 거의 10년간 보유했었다. 2008년 1주에 3,000원 하던 주가가 1,800원까지 하락하면서 나는 소위 말하는 물타기(평균 매매 단가를 낮추기 위해 분할 매수하는 방법)를 했다. 2011년쯤에는 내가 가진 모든 현금성 자산은 로만손 한 종목에 들어가 있었다. 주가 하락으로 고통받으면서 회사에 대해 많은 것을 알아갔다. 시계회사에서 보석 회사로, 다시 가방 회사로 변하는 과정을 지켜보는 과정은 흥미로웠다. 성장하는 회사를 지켜보며 투자한다는 것은 큰 기쁨을 주는 일이다. 그 후에 주가는 한때 22,000원까지 오른 적이 있었지만, 지금은 10년 전 가격으로 돌아가고 있다. 성장동력을 잃었고 시장에서 신뢰를 받지 못하기 때문이다. 한 종목을 10년간 보유하면서 나는 주식투자도 자신만의 특별 재배법으로 투자해야 한다는 생각을 했다. 한 종목에 투자해서 오랜 기간 보유한다는 것은 쉽지 않다. 투자 손실이 너무 커서 포기하는 것과는 다르기 때문이다. 투자한 회사에 대해 잘 알고 있어야 하고, 소유주의 관점에서 관심을 가지고 관리해야 하는 일이다. 종목도 재배하는 마음을 가지고 있어야 오랜 기간 보유할 수 있다. 투자의 손실은 자신이 모르고 있을 때 찾아온다. 자신만의 투자법은 간단하다. 자신이 투자하는 한 종목에 대해 남들보다 많이 아는 것이다. 그리고 주인의 식을 가지고 적극적으로 참여하는 것이다.

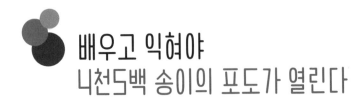

배우고 익혀야
니천5백 송이의 포도가 열린다

점점 증가하는 아이큐

1980년대 초반 뉴질랜드 심리학자 제임스 R. 플린은 성공심리학 연구에 관한 저서 『플린 이펙트』에서 지난 세기 동안 사람들의 IQ가 증가한 원인에 대해 밝히고 있다. 그는 오늘날 널리 쓰이는 지능 검사지인 웩슬러 검사지를 30개국 이상의 다양한 사람들에게 전해주었다. 검사지 측정을 통해 과거와 비교해 보았다. 50년 전 검사지에 나타난 IQ는 현대로 올수록 15점 이상씩 증가했다는 사실을 알게 되었다. 대부분의 나라와 대부분의 연령대에서 마찬가지였다. 세대가 올라갈수록 지능지수도 높아졌다.

어쩌면 사람들의 지능이 향상되는 것은 당연한 일인지도 모른다. 개인적 경험과 지혜가 축적되어 결국 오늘날에 이르는 것이기 때문이다. 세대가 변함에 따라 지능 점수IQ가 증가하는 현상을 연구자의 이름을 따서 '플린 효과'라고도 한다. 학습을 통해 더 똑똑해지고 현명해진다는 것이다. 뇌, 개인적인 차이, 사회적 변화 등의 다양한 요인으로 인해 앞으로도 성장 과정은 계속될 것 같다.

느리다고 해서 조급해하지 말아라

학습에는 개인적 차이가 있지만, 천천히 가다 보면 이해가 되고 진전될 수 있다. 자신이 남들보다 느리다고 해서 너무 조급해하지 말아라. 너무 앞서가려 하다간 되레 탈이 날 수 있다. 결과만을 우선시한 나머지 과정을 등한시해선 안 된다.

작은 성과나 성취 경험들은 더 큰 성장을 위한 밑거름이다.

학습과정이 곧 성장과정이라고 볼 수 있다. 과정을 차근차근 밟아가다 보면 할 수 없었던 일도 할 수 있게 된다. 느리게 진행되기 때문에 깊은 사고와 고민을 하게 되는 것이다. 느리다고 느린 것은 아니다. 포기하지 않고 천천히 가다 보면 현실이 될 수 있다.

피라미드 모양의 블록을 쌓는다고 생각해보자. 튼튼하면서도 높게 쌓으려면 맨 밑에 있는 블록은 넓고 단단하게 고정되어 있어야 한다. 기초가 넓고 튼튼하지 않다면 위로 올라갈수록 무너질 위험이 있기 때문이다. 시간이 걸리더라도 천천히 신중하게 쌓아야 성공할 수 있는 것이다. 학습도 마찬가지다. 처음엔 다소 느리더라도 확실하게 기초를 잡는 것이 중요하다. 기초를 탄탄하게 다진다면 먼 훗날 보다 나은 결과를 얻을 수 있을 것이다.

200년 전으로 돌아가 보자. 그때로 돌아가 과거의 사람들에게 인류가 하늘을 날 수 있다고 한다면 그들은 어떻게 반응할까. 아마 믿지 않을 것이다. 다시 100년 전으로 가 보자. 인류가 달에 갈 수 있다고 한다면 그들은 미쳤다고 할지도 모른다. 하지만 지금은 어떠한가. 화성에 탐사선을 보내는 개인 우주여행 시대가 도래하고 있지 않은가. 인류의 변화와 발전은 과연 어디까지일까. 상상할 수조차 없다. 인류가 이 정도로 진보할 수 있었던 까닭은 오래전부터 과정을 차근차근 밟아왔기 때문이다. 속도를 너무 의식하지 말고 현재자신의 상태를 의식하며 하루하루에 최선을 다하자. 그렇다면 언젠가는 기초가 탄탄한 자신의 모습을 발견할 수 있을 것이다.

관심 분야를 찾아 시도하라

인류가 오늘날과 같이 진보할 수 있었던 이유는 끊임없는 시도 덕분이었다. 원하고 바라는 것이 있다면 현장에 직접 뛰어들어야 한다. 그러기 위해선 우선 관심 분야를 찾아야 한다. 포도 농사도 마찬가지다. 한 그루에서 4천5백 송이의 포도가 열리게 된 이유는 무엇일까? 관심 분야가 생겼고 학습을 통해 재배방법을 찾아 배움을 지속했기 때문이다. 많은 포도송이가 열리게 하려면 어떻게 해야 할지, 어떤 흙을 사용해야 뿌리가 튼튼하게 자랄지를 고민하면서 방법을 찾아 나선 것이다. 포도 씨앗과 묘목을 선택하는 것으로 포도 농사를 시작했지만, 토양을 생각해야 했고, 어떤 포도나무 줄기로 접을 붙여야 할지 선택해야 했고, 병충해에 대비할 방법을 찾아내야 했다. 첫해부터 4천5백 송이의 포도는 열리지 않는다. 시간이 지나면서 재배방법을 알게 되는 것이지 처음부터 모든 것을 알고 시작하지 않는다. 어떤 결과물을 얻기 위해선 모두가 시행착오를 거치기 마련이다. 그러나 할 수 있다고 믿었고 도전했기 때문에 성과를 낼 수 있었다. 4천5백 송이 포도는 절대 거저 얻은 것이 아니다. 저절로 열리지도 않는다. 해낼 수 있다는 믿음이 있어야 한다.

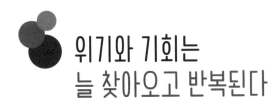

위기와 기회는
늘 찾아오고 반복된다

우리나라 경제가 위기라는 말이 있다. 참 숱하게 들어온 말이다. 몇십 년 동안 들어왔다. 단군 이래 최대의 위기라고도 한다. 하지만 위기가 닥쳤다고 해서 지레 낙심하거나 포기해선 안 된다. 가만히 있어선 안 된다. 그럴 때일수록 정신을 차리고 돌파구를 고민해야 한다. 준비된 사람이라면 그 위기를 두려워하지 않는다. 이번보다 더 좋은 기회는 없다고 생각하기 때문이다. 그 위기를 기회로 활용해서 큰 부를 이뤄낸 사람들도 있지 않은가.

살면서 맞닥뜨리는 위기의 순간들

오늘날 가계부채는 몇백 조에 달하고 증가속도는 가팔라지고 있다. 부동산 경기는 거품을 향해 가고 있다. 한·중 사드 갈등의 위기가 해결되는가 싶더니 지금은 미·중 무역전쟁으로 위기가 다시 찾아오고 있다. 또 다른 위기는 앞으로 무엇이 될지 가늠하기도 쉽지 않다. 산업 활동 인구는 감소하고 있고 노령인구의 증가로 인해 젊은 세대가 노령인구를 먹여 살리려면 새로운 돌파구를 찾아야 한다고 한다. 4차 산업혁명의 새로운 시대를 열어 문제를 해결하거나, 70년간 대치됐던 남북관계를 화해 분위기로 복원해 돌파구를 찾아야 한다고 말한다.

새로울 것이 없는 위기의 시대다. 이럴 땐 어떻게 대처해야 할까? 위기가 찾아온다면 준비하고 있어야 하지만 위기의 시점을 예상하거나 맞추는 일은 쉽지 않다. 대출을 상환하라는 은행의 통보를 받게 된다면 어떻게 해야 할까? 은행은 채무자의 형편을 고려해 주지 않는다. 갑자기 상환하려 하지만 쉽지 않고 그때부터 생존을 걱정해야만 한다.

그때부터 마음이 흔들리기 시작한다. '위기가 찾아오지 않을 수도 있지 않을까?' '이제 곧 좋아질지도 몰라!' '그동안 힘들었는데 더 힘들기야 하겠어?'라고 애써 현실을 부정해 본다. 하지만 현실은 냉혹하다. 이제 막 찾아온 위기가 언제까지 계속될지 알 수 없다.

금융시장의 역사는 반복된다. 위기가 찾아왔을 때 많은 사람이 힘들어한다. 그 위기가 기회가 될지, 아니면 더 큰 위험에 빠질지 알 수는 없다. 지나간 세월을 가지고 '그때 이렇게 대응했더라면 큰 부자가 되었을 텐데!'라고 말하는 사람들은 무수히 많았다. 그러나 그들은 과거에 대해 말하고 있을 뿐이다. 자신의 현재와 미래에 대해서는 어떤 결정도 하지 못한다.

위기의 순간에 대처하는 방식

사람들은 저마다 생존방식이 다르다. 위기의 순간에도 저마다 대처 방법이 다를 것이다. 한 가지 예를 들어보자. 돈이 많은 사람은 위기를 기회로 활용한다. 그들은 어쩌면 위기가 찾아와 자산시장이 폭락하기를 기다리고 있는지도 모른다. 주식, 부동산, 채권 등을 더 싸게 살 기회가 온다면 더 부자가 될 수 있다고 생각하기 때문이다. 그러나 싸게 사기 위해서는 생각할 것이 많다. 먼저 자산의 적정 가치를 알고 평가할 수 있어야 한다. 사람들의 심리에 의해 자산가격은 큰 폭으로 변화한다. 자산가격이 이해할 수 없는 싼 가격에 거래됐을 때 샀던 자산이 더 할인된 가격으로 나올 수도 있다. 다음으로 자산가격의 바닥과 천장을 알고 있어야 한다. '최소한 거기까지는 가지 않을 것이다'라는 전제가 있을 때 싸다고 생각하고 살 수 있다. 2008년 미국 금융 위기 때를 보자. 다우지수가 14,000포인트 고점을 찍고 내려올 때 전문가들은 위기의 저점을 알 수 있다고 예견했다. 하지만 예상했던 위기의 저점은 계속해서 내려갔다. 드디어 6,000포인트가 왔을 때 '대공황과 더 큰 하락이 시작되고 있다'라고 믿었던 사람들은 더 싸게 사기 위해 바닥이었던 최저점에 팔았다고 한다.

대처 방법은 오히려 간단하다. 그 위기의 시점을 맞추려고 하지 말라. 위기가 언제일지는 모르지만, 항상 대비하고 있으면 된다. 어쩌면 위기는 이제 살 만하고, 돈 벌기가 쉽고, 아직 올 때가 아니라고 느낄 때 갑자기 찾아올 수 있다. 위기라고 외칠 때 사실 위기는 맞다. 하지만 사람들은 심리적으로 예견하고 준비할 수 있다. 정부 정책도 위기를 인지하고 선제적으로 대응한다. 해결하지 못할 위기를 해결한다고 속일 수는 없기 때문이다. 현실로 받아들이면 된다. 최근 세계 경제는 반도체 경기 호황과 미국 경제 번영으로 성장을 지속할 수 있었지만, 이제는 아니다. 가계부채는 해결될 기미가 없고 미·중 무역전쟁과 맞물려 심각한 딜레마에 처해있다 자영업자들은 5년 생존율이 5%를 넘지 못하고 있다고 한다.

새로울 것이 없는 위기의 시대에 사람마다 대처 방식이 다르고, 위기의 시점도 정확히 알 수 없다. 위기의 시점에 맞춰 기회를 이용하려 했던 사람들도 많은 돈을 잃었다. 그렇다면 새로울 것이 없는 이 위기에 현명하게 대처하는 방법이 있기는 한 걸까? 물론 정답은 없다. 그러나 이 위기에 살아남기 위해서는 자신만의 생각이 필요하다. 남들과 다르게 생각할 수 있어야 한다. 수많은 주변 사람들이 위기에 대해 같은 얘기를 하고 있더라도 그것에 대해 의문을 품어야 한다. 너무 명확하고 확실한 방법을 알려주고 있다면 그것에 의문을 제기해야 한다. 모든 경제학 이론은 과거를 기술해 낸 해설서에 불과하다. 앞으로 펼쳐질 미래를 예견한다는 것은 어렵고 맞출 확률이 높지도 않다. 단지 본인의 경험을 살려 해야 할 일과 하지 말아야 할 일을 분명하게 알고 있으면 된다. 의외로 위기를 대처하는 방법은 간단할 수 있다.

위기를 잘 활용해서 많은 돈을 번 사람도 있다.

그 사람은 분명 위기가 찾아왔을 때 위기를 기회로 잘 활용했을 것이다. 그러나 많은 돈을 벌었더라도 그 부를 유지하기 위해서는 많은 시간의 검증 기간이 필요하다. 한 번의 행운으로 기회를 잡아 돈을 벌었던 사람들도 오랫동안 부를 유지하는 것은 다른 분야의 능력이 있어야 가능한 것이기 때문이다. 부를 지키는 능력은 한 번의 행운으로는 힘든 것이다. 위기를 대처하는 방법은 자신만의 길을 가는 것이다. 오랜 기간 준비했고 방향과 목표가 정해졌다면 흔들리지 않고 나아가면 된다. 경제가 어렵다고 하더라도 흔들리지 않는 용기가 있다면 위기를 기회로 바꿀 수 있다.

나만의 무기를
만들어라

매출이 늘지 않을 땐 어떻게 해야 할까

어떤 사업과 관련한 번영의 플랜을 세웠다고 가정해 보자. 목표가 정해졌고 플랜대로 사업이 순항하고 있다. 하지만 당신이 가져가야 하는 수익은 여전히 고정되어 있다. 늘어나는 매출만큼 수익이 늘지 않는다면 어떻게 해야 할까. 그럴 땐 원인을 찾아야 한다. 사업체들은 매출만을 늘리기 위해 최선을 다하고, 매출이 늘면 수익도 당연히 늘 것으로 생각한다. 마케팅, 영업비용, 신사업의 개발 등 새로운 것을 시도해야 어려운 시기에 위기에서 벗어날 수 있다고 생각한다. 사업 초기에 매출을 늘리기 위해 최선을 다해야 하는 것은 맞다. 몇 년이 지났고 충성고객을 확보해서 괜찮은 수입을 올리고 있다면, 지금부터 방향을 잡아가야 한다. 매출에 초점을 맞춰야 하는 시점이 지나고 있다고 봐야 한다. 매출을 늘리는 일에 집중해야 할 에너지를 돌려 수익을 늘리는 일에 초점을 맞춰야 한다.

혁신이 필요한 순간들

혁신은 변화를 가져오는 법이다. 하지만 그 혁신이 잘못된 방향으로 가고 있다면 진정한 변화를 이룰 수 없다. 매출을 늘리기 위해 몇십 년을 최선을 다했고 수많은 연구와 방법을 시도하고 도전해 봤다. 그러나 원하는 결과가 나오지 않는다면 현재 내가 가고 있는 방향이 잘못된 것은 아닌지 생각해 봐야 한다. 실제로 효율성 없는 매출은 또 다른 비효율로 이어질 수 있다. 필요하지 않은 경비를 관행적으로 지출하고 있지는 않은가. 검토해 봐야 한다. 관행적으로 당연하게 행해지고 있는 업무처리에 의문을 제기해 봐야 한다. 그것은 혁신의 출발점이 될 수 있다.

당신은 진정 자신이 잘할 수 있는 일에 몰입하고 있는가. 그저 매출에 도움을 준다는 이유로 비효율적인 업무를 하고 있지는 않은가. 단위 시간당 수익을 계산해 보고 의심해 봐야 한다. 경쟁업체와 같은 시간을 일하고도 수익이 적을 수 있다. 아니 경쟁업체보다 많은 시간을 일하고도 수익이 적을 수 있다. 원인을 찾아 나서야 한다. 부가가치가 높은 분야가 있다면 그 분야를 파고들어야 한다. 혁신이란 평소에 당연하게 생각하고 있는 일들에 대해 의문을 제기하는 것에서부터 출발한다. 내가 하는 일에 개선해야 할 점은 무엇인가. 오로지 매출을 늘리는 일에만 몰두하고 있지는 않은가.

회사 내에서도 불필요한 비용지출이 없는지 생각해야 한다. 평소에 당연하게만 생각하던 일에 의문을 제기해야 한다. 업무의 효율성을 높이고 불필요한 경비를 줄이는 문제는 단지 휴식 시간을 줄이고 비용 항목을 없애는 것 이상의 의미가 있다. 사업의 큰 틀에서 효율성을 따져보는 것이다. 변화하고 싶다면 다음과 같은 질문들을 던져보자. 총 매출의 80%를 올려주는 고객과 총 매출의 20%를 올려주는 고객 모두에게 당신의 시간을 공평하게 쓰고 있지는 않은가. 모든 고객에게 최선을 다해야 한다고 생각하고 있지는 않은가. 당신은 매출만을 올리기 위한 행동의 무엇을 개선해야 한다고 생각하는가. 총 매출의 5%를 올려주는 고객에게 당신의 일하는 시간 50%를 사용하고 있지는 않은가. 이와 같은 자문을 던져본다면 어떤 점을 개선해야 보다 나은 방향으로 갈 수 있을지 선명하게 보일 것이다.

업무의 우선순위를 정하라

당신이 하는 일의 중요도에 따라 우선순위를 정해야 한다. 우수 고객에게 더 많은 시간을 주기 위해서다. 우선순위가 정해지면 모든 일이 명확해진다. 지금 왜 거절해야 하는지, 왜 하지 말아야 하는지, 무엇을 해야 하는 일인지, 빨리 해야 하는 일인지, 천천히 해도 되는 일인지 모든 게 명확해진다. 일에 우선순위를 정해놓는다면 그 효과는 놀랍다. 충성도 높은 고객을 위해 일을 처리하는 속도를 평소보다 2배 늘려야 하는 일이 생겼다고 가정해 보자. 평소 1주일이 소요되는 일을 충성고객을 위해 5일 내로 처리해야 한다. 그리고 반드시 해내야 한다. 충성도 높은 고객의 요구를 충족해 줘야 한다. 처리 시간을 반으로 줄이면서 완벽하게 일을 완성해야 한다면 자신의 능력과 직원들의 숫자로는 불가능한 일이라고 생각할 수 있다. 하지만 우선순위를 정해놓는다면 가능하다. 자신을 비롯한 직원들 역시 다른 일은 마다하고 오로지 충성고객을 위한 업무에만 시간을 쏟을 것이기 때문이다. 많은 시간을 할애하고 집중적으로 파고들면 된다. 이처럼 우선순위를 정하면 급한 불도 끌 수가 있다. 과정만 보자면 충성고객 한 사람을 위한 일처럼 보인다. 하지만 결과적으로 볼 땐 업무 전체의 효율성을 늘리고 혁신의 결과를 만들어내는 일이 되는 셈이다.

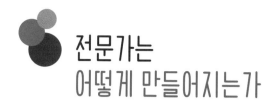

전문가는
어떻게 만들어지는가

조 지라드의 1:250 법칙

조 지라드의 1:250 법칙이라는 게 있다. 이것은 '1명에게 감동을 줄 수 있으면 250명의 잠재고객을 확보할 수 있다'라는 법칙이다. 법무사 개업을 시작한 당신은 고객 한 사람을 위해 최선을 다하고 있다. 조 지라드의 법칙에 의하면 당신에게 상담 받으러 온 사람들은 어쩌면 최고의 고객이 될 수도 있다. 1:250 법칙이 적용되기 때문이다. 당신은 고객으로 하여금 신뢰를 줄 수 있는 인상을 보여야 한다. 고객이 가진 문제를 해결하기 위해 엄숙하고 진지하게 고민하는 자세를 가져야 한다.

지금 당신을 찾아온 고객은 억울하다며 하소연한다. 사정을 듣자 하니 법원에 소송을 20여 년 동안 해왔다고 한다. 법원으로부터 수

많은 판결을 받았음에도 고객은 너무 억울하다고 하소연한다. 가정과 직장에서 최선을 다해 살아왔다고, 하늘이 알고 땅이 아는 진실 앞에 잘못된 판결이 어떻게 나올 수 있느냐고 불만을 토로한다. 당신은 고객의 소원과 바람을 들어주고 있다. 다른 사무실에서는 아무도 들어주지 않는 얘기를 들어주는 사람은 당신이 유일하다. 사실이 고객이 사무실을 찾은 이유는 간단했다. 자신의 억울한 사정을 들어주고 공감해 주는 사람을 찾고 있었던 것이다. 당신은 고객의 말을 경청하고 호응해 주었다. 그동안 자신의 얘기를 귀담아들어 주는 이를 한 번도 찾지 못한 고객은 당신에게 감동했다. 잘 들어주는 일만으로 당신은 고객에게 신뢰를 준 셈이다. 감동한 고객은 어쩌면 먼 훗날 자신과 같은 억울한 처지에 놓인 사람들을 당신에게 소개해 줄지도 모른다. 그런 식으로 입소문이 난다면 좋은 일이다. 이처럼 얼핏 보기엔 단 한 사람을 상대하는 일처럼 보이지만 알고 보면 잠재된 가능성을 가진 경우가 많다. 그러니 1명의 고객일지라도 성심성의껏 대하도록 하자.

250명의 고객을 잡으려면 전문가가 되어라

당신은 모든 것을 잘할 수 있는 슈퍼맨이 아니다. 아니 슈퍼맨도 약점이 있었다. 크립토나이트라는 광물질에 슈퍼맨도 힘이 없는 평범한 사람이 된다. 잘할 수 있는 분야를 찾아야 하는 이유다. 한 사람이 진정으로 감동하면 1:250 법칙이 적용되기 때문이다. 그러나 한 사람에게 감동을 주는 일이란 결코 쉽지 않다. 그 사람에게 신뢰를 줄 수 있는 자신만의 절대적인 무기가 필요하다. 그 무기가 바로 전문성이다.

여기 한 행정사가 있다. 이 행정사는 잘나간다. 몇십 년 동안 국가보훈처에서 근무한 이력을 갖고 있다. 그리고 국가 보상 관련 소송 업무로 오랜 경력을 쌓았다. 그 업계에선 제법 입소문도 나있어 국가유공자나 독립유공자 관련 소송을 전담했다고 한다. 물론 소송대리권이 없지만 몇십 년 동안 관련 업무를 처리하면서 전문가가 된 것이다. 그것도 업무 영역을 한정했다. 모든 것을 다할 수 있다고 하지 않았다. 한 분야를 계속해서 연구하고 집중했다. 그리고 그것을 해냈다. 한 사람에게 최선을 다하고 그 사람에게 감동을 준다면 더 좋을 게 없다. 하지만 그것은 전문분야를 정했을 때나 가능한 일이다.

진정으로 고객에게 도움을 주고자 하는가? 그렇다면 자신이 무엇을 잘할 수 있는지 알아야 한다. 잘할 수 있는 것을 파고들어야 한다. 행정사는 자신의 전문분야를 정했다. 그러자 해당 분야에 어울리는 고객들이 찾아왔다. 고객들의 수를 한정하고 줄였다. 그리고 그중에서 다시 충성고객을 선별했다. 매출 기여도에 따라 고객들에게 차별점을 둔 것이다. 이렇게 고객의 수를 줄이면 상황이 더 어려워질 것이라고 생각하는가? 그렇지 않다. 오히려 반대다. 고객의 수를 줄여야 살아남을 수 있다. 무턱대고 숫자만 줄이자는 것이 아니다. 앞서 말한 대로 차별점을 두고 '전략적으로' 감축해야 한다는 점이다. 한마디로 선별작업을 거쳐야 한다는 소리다. 그간 효율성에 대하여 말해왔다. 단위 시간당 매출을 구해보았는가. 왜 줄여야 한다고 생각하는가. 방향을 정했으면 그대로 쭉 밀고 나가야 한다. 한 분야에 승부를 걸어야 한다. 진정한 승부사가 되어야 한다.

한 가지 사례를 들어보자. 마이클 펠프스, 그는 세계적인 수영 챔피언이다. 그는 어릴 적에 '주의력결핍 과잉행동장애ADHD'라는 진단을 받았다. 그를 담당한 유치원 선생님은 골치가 아팠다. 선생님은 펠프스의 어머니에게 이렇게 말했다. "잠시도 가만히 앉아있지를 못해요. 조용하지도 않아요. 재능도 없습니다. 아드님은 앞으로 어떤 일에도 집중하지 못할 거예요." 수영코치인 밥 바우먼 역시 마찬가지였다. 그의 말에 따르면 펠프스는 늘 말썽을 피워 벌을 받는 학생이었다고 한다. 그러나 오늘날의 펠프스는 어떠한가. 수많은 세계 신기록을 경신하며 전설적인 수영 선수가 되었다. 그의 어머니는 말한다. "펠프스의 집중력은 정말 놀라워요. 세계에서 최고로 뛰어난 선수임에 틀림이 없어요." 어떻게 그런 일이 벌어졌을까. 어린 시절 펠프스는 주의력과 집중력이 부족하다는 평을 받던 학생이 아니었는가. 그랬던 펠프스가 오늘날의 자리에 오르기까지는 숱한 시행착오가 있었다. 그런 과정을 거치며 부단히 훈련한 것이다.

펠프스는 단 한 가지에 집중했다. 자신의 에너지를 한 가지 종목에 투자했다. 그는 매일 훈련하는 것을 게을리하지 않았다. 이처럼 성공의 법칙은 간단하다. 우선 자신의 취미 혹은 특기를 찾는 것이다. 그리고 그것에 매달리며 꾸준히 훈련한다. 그렇다. 당신은 전문가가 되어야 한다. 모든 것을 잘하는 만능인보다도 한 가지 분야에 뛰어난 전문가가 되어야 한다.

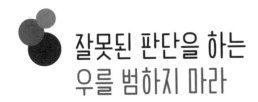

잘못된 판단을 하는
우를 범하지 마라

잘못된 믿음이 잘못된 결과를 가져온다

한 마을의 사냥꾼이 사냥길에 나섰다. 그는 큰 갈대밭에 이르러 경계태세를 갖춘 채 주변을 살피고 있었다. 언제 어디서 맹수가 나타날지 모르기 때문이다. 온 신경을 곤두세운 채 주변을 살피고 있었다. 사소한 소리도 흘려듣는다면 목숨이 날아갈 수도 있는 상황이다. 이 사냥꾼을 A라고 해두자. 한편 A의 반대편에서 또 다른 사냥꾼이 갈대밭 근처에 앉아 잠시 쉬고 있었다. 그는 사냥꾼 B다. 두 사람은 위치상 반대편에 있었고, 서로의 존재를 확인하지 못했다. 사냥꾼 B는 사냥에 사용했던 돌도끼와 돌팔매가 너무 많다는 생각을 했다. 돌팔매를 이용해 만족할 만한 수확물을 거둔 B에게 돌도끼나 돌팔매 따위는 더 이상 필요하지 않았다. 그는 돌팔매를 버려야겠다고 생각했다. B는 갈대밭 허공을 향해 돌팔매를 던졌다. 멀리 날아간 돌팔매는 사냥꾼 A의 어깨 너머로 떨어졌다. 그러니까 그의 코앞에 바로 떨어진 셈이다. 바로 그 순간 방어태세를 취하고 있던 A는 올 것이 왔구나 싶었다. 돌팔매는 뒤에서 날아왔지만, 위험은 앞에 있다고 착각한 것이다.

사업가들은 종종 A와 같은 실수를 범하고 만다. 사업에 성공해야 한다는 강박에 짓눌린 나머지 실수를 범하고 마는 것이다. 잘못된 믿음이 낳은 결과다. 잘못된 믿음을 행하면 커다란 손실이 따를 수도 있다. 이런 잘못된 믿음은 욕심에서 비롯된다.

돈을 많이 벌고자 한다면 많은 고객을 상대해야 한다고 생각한다. 많은 사람들을 만족시키려고 많은 사람에게 최선을 다한다. 이것은 친한 친구를 100명쯤 사귀는 것과 같다. 그렇게 많은 사람을 내 편으로 만드는 것이 가능한가? 물론 가능할 수도 있다. 하지만 그렇다고 한들 100명의 관계가 오래 지속되기란 쉽지 않다. 그저 휴대전화에 등록된 수많은 주소록에 지나지 않을 뿐이다. 그러니 불가능한 목표라고 할 수 있다. 그러니 자신과 사업적 성향이 잘 맞는 사람을 만나야 한다. 관계가 그저 평범한 만남이 되어서는 안 된다. 서로에게 도움이 되는 관계여야 한다. 그런 관계를 맺으려면 애초에 사람을 선별하는 자신만의 기준을 갖는 편이 좋다.

자신만의 고객관리 기준을 가져라

다음과 같은 질문지를 작성해 두면 고객관리를 할 때 도움이 될 것이다.

먼저 첫 번째, 고객이 매출 성장에 도움을 주고, 앞으로도 여전히 도움을 주고받을 가능성이 있는가? 두 번째, 고객이 우리와 친밀하게 소통하고 언제든지 우리와 같은 편이 되어 줄 가능성이 있는가? 세 번째, 우리의 우수고객이 된다면 다른 고객을 소개해 주고 사업 전반에 시너지를 가져올 수 있는가?

모두에게 잘할 순 없는 일이다. 그러니 나름대로의 기준을 가진 고객관리가 중요하다. 사람을 무조건 많이 알고 있어야만 매출이 느는 것은 아니다. 이 사실을 명심해야 한다.

나는 최근에 정말 마음에 드는 책을 읽었다. 내가 다니는 독서 모임에서 이 책을 발표하기도 했다. 마이크 미칼로위츠의 『펌프킨 플랜』이란 책이다. 공감이 가고 좋아지는 책은 반복해서 읽게 된다. 열 번 넘게 읽으면서 나는 공감할 수 있다고 생각하는 지인들을 불러모았다. 그들을 모아두고 나는 다시 한번 강의했다.

이 책이 전하려는 중심 메시지는 간단하다. 고객을 해고하라는 것이다. 나쁜 고객은 차라리 없는 게 낫다고 저자는 말하고 있다. 800kg의 호박을 키우기 위해선 당연히 잡초 제거를 해야 하지만 덜 유망한 호박도 제거해야 한다는 것이다. 회사를 크게 키우는 일도 이와 같은 이치다. 나쁜 고객을 해고하지 않으면 회사가 성장하지 못한다는 얘기다. 나쁜 고객을 상대하기 위해 소중한 고객의 시간을 빼앗

기지 말아야 한다는 것이다. 공감 가는 얘기에 나는 설득당할 수밖에 없었다. 그리고 이렇게 책을 쓰고 있다. 다만 호박이 아닌 '4천5백 송이의 포도나무 플랜'으로 사업을 시작해야 한다고 말이다.

모든 사람에게 다 잘할 순 없는 일이다. 게다가 그것은 거의 불가능하다. 모든 사람들에게 잘하려고 한다면 그냥 평범해질 뿐이다. 사업에 별다른 도움도 되지 않는다. 소수에게 잘하고 특정 고객에게 잘해야 충성고객을 만족시킬 수 있다. 여기서 말하고 있는 메시지는 이것이다. '모든 고객을 만족시킬 수는 없다.' 잘못된 믿음의 근거로 우를 범하지 않기 위해서는 특정한 소수 고객에게 잘해야 한다는 것이다.

브랜드를 만들어라

자신만의 이름을 가져라

법무사도 개인 브랜드가 있어야 하는 사업이다.

일반 포도 농가와 고창 희성농장이 있다. 두 농가를 비교해 보라. 단연코 고창 희성농장이 우세하다. 4천5백 송이를 수확하는 포도 농가에는 특별함이 있다. 그러한 특별함은 쉽게 따라 할 수 있는 것이 아니다.

브랜드화는 자신을 알리는 최고의 방법이다. 자기 브랜드를 갖게 되면 홍보를 하는 데에도 훨씬 유용하다. 9시 뉴스에서 보도가 되고 저절로 홍보가 되는 것이다. 그는 포도 열매가 다 익기도 전에 유명 판매점에서 계약을 성사시킬 수 있었다. 한 그루에서 열린 4천5백 송이 포도 가격이 2천만 원이다. 브랜드가 생겼기 때문이다. 이것은 제품에 대한 브랜드일 수도 있지만, 개인의 브랜드이기도 하다. 고창의 희성농장을 지키는 도덕현 농부가 브랜드의 주인공이다. 물론 단순히 이름만 갖다 붙인다고 해서 브랜드화가 되는 것은 아니다. 자신의 이름을 내걸어도 망신을 당하지 않을 만큼 농가의 시스템이 체계적으로 자리 잡혀 있어야 한다. 그런 완성을 이룬 후에야 비로소 진짜 브랜드가 탄생하는 것이다.

브랜드화를 위해선 먼저 장기적인 플랜을 세워야 한다. 그 후에 사업을 시작해야 한다. 방향을 잡고 어떤 분야를 파고들지 정해야 한다. 정했다면 그다음부터는 브랜딩이 쉬워진다. 한 분야만 전문으로 파고든 자들에게는 분명 다른 이들과 구분되는 특별함이 있다. 전문분야가 아닌 다른 분야에 대해 '아니요'라고 말할 수 있어야 더욱더 특별한 전문가가 되는 것이다.

어떤 한 분야의 일만 한다고 하면 남들이 어떻게 반응하겠는가. "그 법무사는 다른 분야는 안 한다고 하네! 법인 관련 업무만 한다지 뭐!" 이런 식으로 유별나다는 듯 반응하겠는가? 물론 그렇게 말할지도 모른다. 하지만 일가에서는 분명 긍정적인 반응도 있을 것이다. 이 법무사는 자신만의 브랜드가 있다며 좋아하는 이들도 분명 있을 것이다. 그런 식으로 자연스럽게 홍보가 된다. 고객들은 만족하고 당신을 찾아오게 된다. 어떤 분야를 전문으로 하게 되었을 때 찾아오는 효과는 크다.

고객을 제한하고 서비스를 제한했다고 해서 사업이 망하지 않는다. 오히려 한 분야만 파고들었기 때문에 다른 특별함이 생긴다. 모든 고객에게 잘하지 못하고, 한 분야만 파고든다고 힘들지 않다. 전주에 산부인과 병원을 운영하는 두재균 원장님이 있다. 산부인과 진료과목은 수없이 많다. 그는 자궁근종, 질염, 자궁경부암, 난소암, 골다공증, 요실금, 인공수정 등 수많은 분야에서 단 하나, 요실금 분야만을 파고들었다. 그리고 그 분야의 최고 권위자가 된 것이다.

사람들의 심리를 이용하라

브랜드는 자기 고집 끝에 탄생한다.

고집을 밀고 나가야만 브랜드가 생기는 법이다. 브랜드가 오래 가려면 지속 가능해야 한다. 한번 해보고 그만둔다면 만들어지지 않는다.『음식 말고 감동을 팔아라』의 저자 김순이 대표님이 브랜드화의 좋은 예라고 할 수 있다. 대표님은 현재 전주에서 청학동 버섯전골을 전문으로 수십 년째 음식점을 경영하고 있다. 처음 버섯전문점을 한다고 했을 때 모든 사람들이 안 될 것이라며 만류했다. 그럼에도 대표님은 버섯 전문요리만을 고집스럽게 유지했다. 그 결과 대표님의 식당 '청학동 버섯전골'은 '대한민국 100대 음식점'에 선정되는 영광을 누릴 수 있다. 훌륭한 음식점으로 인정받은 것이다. 그렇게 되기까지는 우여곡절이 많았을 것이다. 그 과정을 거치고 나니 오늘날과 같은 자신만의 브랜드가 생겼다. '청학동 버섯전골'은 요즘처럼 어려운 시기에도 최고의 매출을 올리고 있다. 한 가지만을 골라 선택과 집중을 한 결과다.

최근 필리핀의 섬 보라카이가 환경오염으로 6개월간 폐쇄를 결정했다. 그로부터 6개월 후에 섬을 재개장했다. 그리고 하루 관광 인원을 1만 9천 명으로 제한했다. 인원을 제한한다는 뉴스를 접하고 갑자기 보라카이에 대한 흥미가 일었다. 평소엔 관심조차 없던 섬이었다. 하지만 뉴스를 접하고 이제는 달라진 것이다. 가보고 싶어졌다.

사람의 심리란 이처럼 묘한 것이다. 쉽게 가질 수 있는 대상에겐 열광하지 않는다. 숫자를 줄이고 서비스를 제한했을 때에야 비로소 강한 욕구가 생긴다. 앞으로 보라카이 섬은 가보고 싶어도 예약하고 기다려야 하는 명소로 자리잡을 것이다. 브랜드는 모든 서비스를 제공하고 고객이 감동한다고 해서 생겨나지 않는다. 서비스를 제한하고 고객을 제한시켜야 예비고객들의 욕구를 자극할 수 있다. 그래야만 브랜드가 생길 확률이 높아지는 것이다. 그러니 제한하고 줄여라. 브랜드를 만드는 최선의 길이다.

줄인다고
걱정하지 마라

불필요한 곁가지를 쳐내라

경쟁자와 차별화하려면 무언가를 줄이고 한곳에 집중할 수 있어야 한다. 만약 당신이 사업 분야를 줄여야 한다면 어떻게 하겠는가. 어떤 것을 줄이고 어느 곳에 집중하겠는가. 그 한 가지에만 집중하면 매출이 줄어들고 사업이 힘들어지겠는가? 그렇지 않다. 오히려 매출이 늘고 많은 고객을 확보할 수 있을 것이다.

당신이 어떤 사람에게 최선을 다했을 때를 생각해 보라. 그 사람은 최고의 고객이자 충성도 높은 고객이 된다. 충성도 높은 고객을 만나면 당신 역시 마음이 움직인다. 고객을 만족시키는 일이 곧 당신이 얻는 이익과 상통하기 때문이다. 그 고객도 당신을 위해 더 많은 고객을 소개해 준다면 당신은 행복한 비명을 지를지도 모른다.

당신은 지금과 같은 이상적인 상황을 꿈꿔왔다. 그러나 한 가지 유의할 점이 있다. 충성도 높은 고객에게 더 많은 것을 주기 위해 '모든 것이 가능합니다.'라고 말하면 안 된다는 것이다. 왜냐하면, 충성고객은 당신이 모든 일을 다 할 수 있다는 말을 듣게 되면 제대로 할 수 있는 게 없는 사람으로 판단하고 당신을 신뢰하지 않을 것이기 때문이다. 작은 것에 집중하지 않으면 충성도 높은 고객은 당신에게 실망하게 된다. 평범한 사람에게서는 기대할 수 있는 게 많지 않기 때문이다.

당신은 당신이 속한 분야에서 선도적인 사람이 되어야 한다. 어쩌면 '나는 전문가가 아닌데!'라고 생각할지도 모른다. 하지만 한 우물을 계속해서 파고들어라. 머지않아 당신은 특정 분야에 소문난 전문가가 되어있을 것이다. 모든 분야를 다 잘할 수 없다. 지금은 실천할 때이다. 한 분야를 정했으면 그것만을 집중해서 밀고 나가야 한다.

하나에 집중하지 않으면 결코 큰 꿈을 이룰 수 없다.

사업적 성공을 이룬 기업들을 보자. 입시교육에 관련된 회사가 있다. 한때 이 회사는 코스닥에서 시가총액이 1조 5천억까지 갔었고, 코스닥 전체 종목 중에서 2위까지 올라갔던 회사이다. 그 회사는 바로 메가스터디 손주은 회장이다. 그는 할머니의 헌신적인 사랑으로 교육을 받았고 최고의 대학을 나왔다. 그는 교육에 남다른 열정이 있었다. 우연한 기회에 몇 명의 학생에게 과외를 시작했다. 돈을 벌기 위한 목적이었지만 학생들의 성적향상을 위해 최선을 다했다. 공부는 머리로 하는 게 하니라 엉덩이로 하는 거라는 유명한 말은 손주은 회장의 입에서 나왔다. 그저 돈 벌기만을 위한 목적이었다면 학생들의 성적을 조금 올려주고 많은 학생을 가르치면 많은 돈을 벌 수도 있었다. 하지만 그렇게 하지 않았다. 몇 명을 데리고 집중했다. 완전히 공부할 수 있는 마음을 잡게 했고 엉덩이를 책상에서 몇 시간 동안 떼지 않게 했다. 몇 명의 학생에게 집중한 결과 그 학생의 성적은 수직으로 상승했다. 반에서 중간쯤 하던 학생의 성적이 전교 10등 안에 들게 한 것이다. 입소문을 탔다. 그 동네 아파트 주민들에게 소문이 났다. 학생들은 몰리기 시작했다. 그는 교육의 본질을 파악하고 있었던 셈이다.

소수의 학생만을 받았고, 대신 과외비를 높게 책정했다. 몇 배로 올린 과외비에도 과외를 받으려면 몇 개월을 기다려야 했다. 한 명의 학생에게 적용했던 교육방법은 다른 학생에게도 먹혀들었다. 몇 명에게 최선을 다해 영혼을 가지고 가르쳤다. 깊게 파고들었고 몇 사람에게 최선을 다한 것이다. 이렇게 몇 명으로 시작한 과외가 학원으로 사업을 확장했고 그 학원에서도 밀려드는 학생들을 감당하지 못하는 지경에 이르렀다. 결국, 인터넷 강의로 사업을 확장하게 되었고 오늘날 엄청난 성공을 이루게 된 것이다.

판매 범위를 좁혀라

당신이 동네 피자가게를 열었다고 하자. 이미 사업 범위는 피자로 한정했다. 김밥까지 판매할 수는 없기 때문이다. 그럼 이제 고객을 한정해야 한다. 당신의 고객이 아파트 한 동에 있는 주민뿐이라면 당신은 사업이 힘들어지고 업종을 바꿔야 할지도 모른다. 그러나 아파트 단지에 있는 20개 동의 주민으로 한정한다면 얘기가 달라질 수 있다. 20개 동 아파트 주민만을 위한 맞춤형 피자를 만들 수도 있다. 피자 위에 치즈로 다양한 그림을 그려놓을 수도 있다. 모든 주문의 배달 시간을 15분 내로 해결할 수도 있다. 고객을 한정했을 때 그 고객들만을 위한 당신의 아이디어는 번쩍일 것이다.

사업의 범위와 고객의 범위의 균형점을 찾아가야 한다. 사업 분야를 줄이고 고객을 한정했을 때 여러 단계 안에서 고민해야 한다. 줄여나갔을 때 어느 한 가지에 해당할 것이다. 최고가 될 수도 있다. 경쟁이 감소하여 만족하게 될 수도 있고, 약간의 두려움이 생기게 될 수도 있다. 그리고 고객이 줄어들고 매출이 감소하게 될 것이다. 어쩌면 회사의 성장이 멈춰 위험해질 수도 있다. 당신은 어떤 단계에 맞춰야 하는지 접점을 찾으면 된다. 어쩌면 당신이 생각하는 사업 분야 중에서 더 좁혀야 할 수도 있고 조금 늘려야 될 수도 있다. 그것은 당신의 역량에 달려있다. 사업 분야를 더 좁혔는데도 매출이 늘어난다면 당신은 완전히 성공했을 수도 있다. 당신의 영업영역이 지역을 벗어나고 있을지도 모른다. 많이 시도해보고 접점을 찾아보자. 더 줄였는데 오히려 매출이 늘어났다면 더 줄여도 된다. 줄이고 좁힌다고 결코 두려워할 일이 아니다.

5부

태풍과 병충해에 대비하라

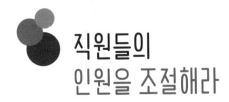

직원들의
인원을 조절해라

힘든 시기는 누구에게나 온다

당신은 법무사 개업을 시작했다. 직원들을 고용했고 같이 일하고 있다. 국가나 사회적 관점에서 고용을 창출한 것이다. 소득 성장을 위해 일정한 역할을 하고 있는 셈이다. 훌륭한 일이다. 이제 당신은 개인 사업체의 주인으로서 직원들과의 관계에 신경을 써야 한다. 하나의 팀으로 서로 응원하고 화합하면 된다. 새로운 사업구상을 하고 성공적인 사업체를 만들 수도 있다. 경제적 자유와 삶의 여유를 찾았다면 더없이 행복할 것이다. 그러나 사건이 줄면서 중간중간마다 어려움이 찾아온다. 거래처는 굳이 법무사에게 의뢰하지 않고 직접 자신이 처리하고자 한다. 법무사나 변호사를 직원으로 채용하면 비용적인 면에서 훨씬 더 유리하기 때문이다. 주요 거래처와의 관계도 예전만 못하고 거래처를 더 확보해야 살아남을 수 있을 것 같다. 개인 간의 거래도 비슷한 상황이다. 경제가 어렵다는 이유로 사건을 직접 제출하려 한다. 시간도 많고 배워볼 생각이라면 법원을 찾아 물어보면 해결할 수 있기 때문이다. 굳이 전문가에게 의뢰할 필요성을 느끼지 못하고 있다. 이런 상황에서 당신은 슬슬 걱정이 되기 시작한다. 이제까지 벌여놓은 법무사 사업장을 유지해야 한다. 매출이 급격하게 늘면서 일을 감당하지 못했을 때 채용한 직원은 이제 당신에게 엄청난 부담이 되고 있다. 사건이 줄면서 직원이 해야 할 일도 줄어있는 것이다. 법무사 본인의 수입이 직원보다 적은 날이 생긴다. 지금부터 당신은 생각한다. 사업이란 무엇인가? 하고 말이다. 법무사도 사업가라는 생각에는 변함이 없다. 진정한 사업가는 개인적 희생이 전제되어야 한다고 생각한다. 자신에게 주어지는 여유시간은 직원들에게 더 많은 일을 하도록 자극하기 위함이라고 생각한다. 당신은 휴머니스트다. 지금까지의 가정생활도 당신의 희생을 바탕으로 이끌어 올 수 있었다. 당신의 사업체에도 같은 원리가 적용되어야 한다고 생각한다. 앞으로 경기가 좋아질 때를 대비해 조금만 더 참고 지내보자. 모두를 위한 길이 최선의 길이 아니던가?

이떤 일을 시작하더라도 힘든 시기는 찾아올 것이다. 큰 사업만 해도 마찬가지다. 마이크로소프트, 애플, 알리바바, 넷플릭스, 맥도널드, 스타벅스, 월마트 등 대기업들도 그렇다. 사업 초창기에 적자는 당연했다. 미래의 성장 가치를 위해 버텨온 기업들이다. 오늘날의 위치에 서기까지는 기업가의 헌신적인 희생이 있었다. 이처럼 힘든 일은 흔히 일어나는 것이다. 어려움을 참다 보면 '언제가 좋은 날이 있을 것이다'라고 생각한다. 물론 초일류 기업과 당신의 사업체를 비교해서는 안 된다. 이런 기업들은 수백만 업체의 경쟁 속에서 살아난 특별한 기업들이다. 당신이 시작하는 사업이 초 일류기업의 성공 사례를 배우고 따라 한다고 큰 기업이 될 수는 없다. 이것이 냉정한 현실이다. 당신의 사업은 개인 서비스 업종이지 기업형태의 사업이 아니다. 물론 법무사 법인 형태의 중견 기업으로 키울 수도 있다. 그러나 지금은 아니다. 개인 사업자이기 때문에, 사업 초기부터 경제성과 사업의 효율성을 따져가며 시작해야 한다.

직원들의 인원을 조절하라

그렇다면 효율성에 대해 생각해 보자. 과거에 당신은 직원들을 곧잘 고용하곤 했다. 갑자기 늘어난 매출을 감당하기 위해 직원을 더 채용한 것은 성장을 위한 당연한 결정이었다. 하지만 지금은 어떠한가. 지금은 사정이 달라졌다. 매출상황이 좋지 않은 것이다. 이럴 경우엔 직원을 관리하는 일에도 효율성을 생각해야 한다. 직원들이 적재적소에 배치되어 있는지 따져봐야 한다.

누가 어떤 업무에 더 적합한지 알고 있어야 한다. 더 잘할 수 있는 일이 있다면 그곳에서 최고의 능력을 발휘하게 해주어야 한다. 앞으로도 잘되겠지 하는 생각에 사업의 규모를 늘리고, 비용 지출을 늘리는 일에 신중해져야 한다. 미래의 이익은 현재의 이익이 아니기 때문이다. 매출상황이 좋지 않을 경우 당신은 고민해 보아야 한다. '많은 일을 처리하는데 처리속도를 빠르게 하는 더 좋은 방법이 없을까?' 하고 생각해야 한다. 버려지는 시간 몇 분이 모이면 엄청난 시간이 된다. 비효율적인 방법으로 일하고 있지는 않은지 생각해야 한다. 매출 증대만을 생각하기 전에 작은 일부터 개선해야 할 점을 찾아야 한다. 매출에 모든 초점이 맞춰지면 잘못된 판단으로 사업이 힘들어질 수 있다. 매출이 계속해서 늘 수는 없는 노릇이다.

만약 경기가 나빠지고 매출이 줄어든다면 어떻게 할 것인가. 증가한 비용과 늘어난 직원의 수는 어떻게 할 것인가. 잘못된 생각으로 벌여 놓은 일을 수습하기란 쉽지 않다. 그러니 직원을 채용할 때 무턱대고 채용할 것이 아니라, 현재의 상황을 봐가며 해야 한다. 직원의 수가 늘어날 경우 그만큼의 급여를 지급해야 한다. 그 지급액을 내가 과연 감당할 수 있는가, 하고 자문해 봐야 한다.

무에서
유를 만들어라

창업, 나 홀로 짊어지고 가는 길

직장인들은 언젠가 모두 퇴직하는 시점이 온다. 직장인들 모두가 제2의 시작을 준비하고 있어야 하는 이유다. 퇴직한 당신이 사업을 시작했다고 가정해 보자. 인생의 새로운 시작은 분명 설레는 일이다. 직장에서 직원으로 있었을 때는 어떠했는가. 그땐 필요한 모든 것들을 회사가 당신에게 제공해 주고 있었다. 사회적 위치에서부터 가족 생계를 위한 급여까지 그 모든 혜택은 직원으로서 누릴 수 있는 당연한 권리였다. 업무에 필요한 물품은 자신의 돈으로 살 필요가 없었고, 필요한 사무용품이 있다면 언제든지 얻을 수 있었다. 회사는 업무의 효율성을 높이기 위해 당연히 그것들을 제공해야 할 규정이 있다.

하지만 사업은 어떤가. 사업을 시작한 순간 당신은 회사로부터 얻었던 혜택들을 모두 포기해야 한다. 그것들을 혼자 감수해야 한다. 사업을 시작한다는 것은 새로운 미래가 당신 앞에 놓여있다는 뜻이다. 당신은 모든 것들이 낯설고 생소하게 느껴질 것이다. 회사에 있을 때 당신은 누군가의 직장 상사였으며 때론 고용주였다. 당신은 그저 아랫직원에게 지시를 하거나 부탁을 하기만 하면 되었다. 하지만 이제는 다르다.

사업을 시작하는 순간 당신은 새로운 분야에 대해 알아야 한다. 사업장을 여는 문제에서부터 세금납부를 하고 직원을 채용하는 방법도 알아야 한다. 복사지와 물을 아껴야 하며, 화장실 청소를 해야 할 수도 있다. 당연하게 제공되었던 모든 것이 자신의 호주머니에서 나가야 한다. 지출은 바로 자신의 수익과 연결되기 때문에 신중해야 한다. 주민자치센터에 근무하고 있는 직원과 친해져야 할 이유도 찾게 된다. 중요하게 여기지 않았던 하찮은 일도 배우고 익혀야 한다. 매출을 늘리려면 어떤 방법이 필요한지 판단하고 결정해야 한다. 이제는 전혀 새로운 환경에 적응해야만 한다.

파레토 법칙을 활용하라

회사는 기본적으로 조직사회다. 조직사회란 어떤 곳인가. 위계질서를 바탕으로 한 공동체라는 의미다. 이러한 조직사회에서 질서를 결정짓는 요인 중의 하나는 다름 아닌 승진제도이다. 입사한 순간부터 당신은 승진제도의 세계에 들어선 셈이다. 어쩌면 지금까지 회사에서의 당신의 모든 행동은 승진과 관련 있었을지도 모른다. 승진이라는 목표를 가지고 최선을 다해 노력해야만 했다. 지금까지 승진은 모든 행동의 힘이었고 에너지의 원천이었다. 그러나 앞서 말했듯 직장생활은 영원한 것이 아니다. 누구에게나 은퇴를 하는 시기가 온다. 끝나는 시점이 온다는 소리다. 지금 당신은 새롭게 사업을 시작하려고 한다. 이제는 승진이 아닌 수익을 목적으로 사업을 시작해야 한다.

'파레토 법칙'을 들어봤을 것이다. 파레토 법칙은 1800년대 후반에 이탈리아 부의 분배를 연구한 경제학자 빌프레도 파레토가 발견한 법칙이다. 그는 이탈리아 인구의 20%가 전체 국토의 80%를 소유하고 있다는 것을 발견했다. 파레토 법칙을 80:20 법칙이라고도 한다. 이 법칙은 언제 어디서나 적용된다. 특히 백화점은 파레토 법칙을 활용해 영리하게 돈을 벌고 있다. 백화점은 다양한 부류의 고객들이 이용하는 곳이다. 하지만 그들 모두가 공평하게 매출을 올려주고 있지는 않다. 고객들의 매출 비율을 자세히 살펴보면 알 수 있다. 백화점 매출의 80%는 상위 20%의 고객에서 나온다는 점을 말이다. 그리고 백화점들이 상위 20% 고객들을 특별 관리하고 그들만을 위해 맞춤형 영업을 하는 이유를 쉽게 알 수 있다. 최고의 고객들에게는 주차 서비스는 기본이다. 그들만의 쇼핑공간을 제공해 주면서 당신은 우리 백화점의 최고의 고객이라는 사실을 노골적으로 밝히고 있다. 최상의 고객 소수에게 잘해야 전체 매출과 수익이 늘어난다는 사실을 잘 알고 있기 때문이다.

이쯤 되면 무슨 이야기를 하고자 하는지 눈치챘을 것이다. 그렇다. 효율성에 관한 이야기다. 사업이 본궤도에 진입하고 있다면 파레토 법칙을 적용할 시점이 다가온다는 것이다. 전체 고객의 20%가 전체 매출의 80%를 올려주고 있다면 그 고객은 앞으로도 계속해서 올려줄 가능성이 있다. 그러니 모든 고객에게 최선을 다해야 한다고 생각하면 안 된다. 그러다간 자칫 큰 낭비를 하게 될 수도 있다.

20%의 최우량 고객이 정해졌는가. 그들은 이제 당신과 궁합이 잘 맞을 것이다. 그들과 더 많은 일을 하고 싶다면 집중해야 할 대상이 생긴 것이다.

파레토 법칙을 당신의 사업장에 적용할 시점이 되었다고 생각한다면 시작해야 한다. 파레토 법칙을 활용하면 비효율적인 시간이 줄어든다. 그렇게 될 경우 20%의 우수고객에게 더 많은 시간을 투자할 수 있다. 최상의 서비스를 제공하면 고객은 당신에게 본능적으로 더 많은 것을 제공하고 싶어질 것이다. 마케팅이 저절로 되는 것이다. 우수고객은 우리가 더 찾고자 하는 20%의 고객과 어울리게 되어 있다. 파레토 법칙을 적용해 사업을 시작해 보자. 무에서 유를 만들어낼 수 있을 것이다.

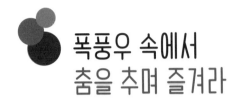

폭풍우 속에서
춤을 추며 즐겨라

자금을 신중하게 관리해라

"우리 회사가 살아남을 수 있었던 이유는 세 가지다. 돈도 없고, 기술도 없고, 플랜도 없었기 때문이다. 그래서 모두가 최대한 신중한 자세로 돈 없어도 실현 가능한 아이디어를 최대한 짜내려 노력했기 때문이다."

중국 최대의 기업 알리바바 마윈의 얘기다. 알리바바는 오늘날 초일류 기업으로 성장해 있다. 사업 초기에는 살아남는 것이 경쟁력이라고 마윈은 말한다. 법무사 개업을 시작할 때에도 가장 중요한 건 생존이다. 자금을 현명하게 관리하지 않으면 위기가 닥쳤을 때 쓰러질 수 있다. 자신의 사회적 위치는 중요하지 않다.

어쩌면 당신은 경험이 많고 일 처리 속도가 빠를 수도 있다. 많은 단체에 가입되어 많은 사람을 알고 있을 수 있다. 화려함이 당신의 사회적 평가 기준이 될 수도 있다. 그러나 그 화려함이 곧 사업적 성공으로 이어지는 것은 아니다. 법무사 개업 준비를 하려면 자금을 신중하게 관리할 수 있어야 한다. 하지만 준비가 충분치 않다는 근거도 많다. 어쩌면 당신은 이렇게 말할지도 모른다. "나는 돈이 충분하고 먹고 사는 데는 지장이 없다." "어차피 즐기는 게 인생인데 용돈이나 벌면 되지, 아웅다웅 살 필요가 있을까?" "이왕 하는 거, 돈만 벌면 되는 거 아냐!" "열심히 뛰고 사람을 만나다 보면 자연스럽게 잘 되겠지!" "그리고 열심히 살았잖아!" 이렇게 생각하고 있다면 충분한 준비가 되지 않은 것이다. 이러한 생각들이 필요 없는 것은 아니다. 필요하기도 하다. 충분한 돈은 사업자금과 영업비용으로 사용이 될 수 있다. 어차피 즐기는 인생이라는 긍정적인 생각은 자신감을 가지게 한다. 많은 회원이 속해있는 모임에 가면 분명 도움이 된다. 하지만 지금은 막 개업을 시작한 상황이다. 그러니 갓 태어난 어린아이라고 생각해야 한다. 처음 시작하는 사람은 마음가짐이 달라야 한다.

한 푼이라도 아껴야 살아남을 수 있다. 장기적인 플랜에 혹한 나머지 지출이 늘어나면 안 된다. 병충해를 대비하고 태풍에 대비해야 하는 것처럼 당신은 현금을 비축해 놓아야 한다. 어려운 시절을 헤쳐 가는 방법 중에 가장 중요한 것은 바로 돈이다. 현금이다. 현금이 부족하면 그 어떤 문제도 해결할 수 없다. 훌륭한 직원을 붙들어 놓을 수 있으려면 월급을 많이 줘야 한다. 영업을 잘하기 위해서는 현금을 가지고 있어야 한다. 사업 초반에 돈이 부족하다는 것은 축복일 수 있다. 재정적으로 어려우면 오히려 상황을 돌파하고자 하는 의지가 더욱 강해질 수 있기 때문이다. 집중력이 생기는 것이다. 경쟁자를 물리치고 살아남을 힘을 준다. 하지만 사업이 꽤 진행된 상태에서 자금이 부족하다면 그땐 문제가 된다.

당신의 목표는 성공한 법무사가 되는 것이다. 성공을 위해서 초라하지만 꿈을 크게 가지면 된다. 이제껏 시도하지 않았던 방법으로 경쟁력을 키워야 한다. 중요한 것에 최선을 다해야 하고 작은 것에 몰입해야 한다. 당신을 경쟁력 있는 법무사로 키우는 것은 화려함이 아니고 큰 비전이다. 그리고 큰 비전을 실천해 가는 작은 행동들이다. 비가 오면 비를 맞으면 되고, 옷이 젖을까를 두려워하면 안 된다. 폭풍우 속에서 춤을 추고 즐길 수 있어야 한다.

잘 얻는 것만큼이나 잘 포기하는 것도 중요하다

사업을 시작하려면 그동안 좋지 않았던 습관을 모두 버려야 한다. 그동안 당연하게 지출했던 항목에 대해 의문을 가져야 한다. 정말 필요한 지출인지에 대한 의문에 답을 할 수 있어야 한다. 생존을 위해서다. '왜'라는 질문 하나가 성공의 밑거름이 될 수도 있다.

이제껏 법무사 업계는 경쟁이 필요하지 않았다. 사업장을 차리면 먹고사는 문제는 해결이 되었다. 하지만 지금은 시대가 변하고 있다. 전문영역이 사업적 영역으로 변해가고 있다. 변호사, 의사, 변리사, 회계사, 세무사 등 모든 영역에서 성역이 없어지고 있다. 시장은 포화상태에 놓여있다. 효율성을 생각하지 않으면 살아남을 수 없고, 전문영역이 있지 않으면 수요자에게 선택받을 수 없다. 선택을 받으려면 차별화가 필요하고 경쟁력을 갖추어야 한다. 자신만의 전문영역으로 선택을 받으면 많은 것을 가져올 수 있지만 당연한 것은 없다. 누군가에게 선택을 받으려면 살아남아야 하고 위기를 기회로 활용할 수 있어야 한다. 모든 사람이 선택받을 수 없기에 전략이 필요하다. 잘하지 못하는 분야를 포기할 수 있어야 하고, 중요하지 않은 고객을 포기해야 하고, 관행적인 비용지출을 포기해야 하며, 화려함도 포기해야 한다. 4천5백 송이 포도나무를 재배하기 위해서는 평범하고 흔한 포도나무 재배를 포기해야 한다. 잘나가는 다른 법무사에 대한 질투도 포기해야 한다.

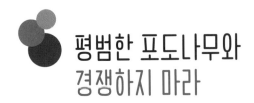

평범한 포도나무와
경쟁하지 마라

적을 물리치기 위한 방법은 크게 두 가지다. 적보다 뛰어난 전략이 있거나 적들이 시도하지 않은 방법으로 공략해야 한다. 그러나 쉽지 않다. 법무사 업계의 경쟁자는 몇십 년간 수많은 경험을 쌓았다. 실전 경험으로 무장한 백전노장들은 당신에게 속삭이고 있다. "뭐하려 전쟁터에 나오려고 해! 편안하게 봉급을 받고 있는 게 최고야! 법무사 업계가 쉽지 않아! 점점 힘들어지고 있는 게 안 보여?"

그러나 그렇게 말하는 이들의 자세를 보라. 그들의 무기는 녹슬어 있다. 어쩌면 편안한 상황에 안주하고 있는지도 모른다. 하지만 당신은 그들과 다르지 않은가. 그동안 쌓아올린 당신의 경쟁력과 실력을 활용해야 한다. 당신의 경쟁력이 매출과 수익으로 이어지게 해야 한다. 이런 상황에서 당신이라면 어떻게 할 것인가?

해결해야 할 방법을 찾아야 한다. 그것은 앞서 말한 바와 같다.

자금을 비축하고, 사업에 불필요한 것들은 과감하게 포기할 줄 아는 결단력이다. 그런 자세가 필요하다.

모든 고객에게 최선을 다할 수는 없다

모든 것을 다 할 수 있다는 것은 그저 평범해지는 길이라고 했다. 모든 고객에게 최선을 다하는 것은 충성고객을 실망시키는 일이라고 했다. 경쟁자의 숫자 앞에 자신이 내세울 수 있는 것이 실력뿐이라고 생각하고 있다면, 당신은 승진시험 때 했던 방법으로 다시 공부를 해야 할지도 모른다. 경쟁자가 두려운 이유는 경쟁자를 압도할 방법을 잘 모르고 있기 때문이다. 방법은 있다. 전문분야를 정하고 그 분야를 더 좁힐 수 있으면 된다. 고객을 줄여야 하고 전문분야에 맞는 고객을 찾아 나서야 한다. 모든 사람에게 최선을 다할 수 없기 때문이다.

그렇다면 법무사 일은 언제 시작해야 할까. 언젠가 경기가 회복되어 시장이 좋아질 때를 기다려야 할까? 아니다. 마냥 기다릴 수만은 없다. 당신이 정하고 준비된 날이 왔다면 시작해야 한다. 이제 실행만이 남았다. 이제껏 시도하지 않았던 방법으로 성공 확률을 높여야 한다. 고객이 원하는 일은 무엇일까. 믿을 수 없을 만큼 빠르고 정확하게 처리해 주고 있다면, 당신은 이미 전문분야를 정해 고객을 확보하고 있을 확률이 높다. 전문분야와 소수 고객을 위해 무엇이 중요한지 어떻게 공략해야 할지 쉽게 알고 있기 때문이다. 그러나 목적지가 없고 방향을 잡지 못하면 당신은 경쟁자를 무서워하고, 경쟁자의 숫자 앞에서 자신감을 잃는다. 다른 사람들을 흉내 내려 하고, 같은 방법으로 시도하려고 하지만 더욱 평범해질 뿐이다. 전문 분야가 없다면 포도나무에 4천5백 송이의 포도는 열리지 않을 것이다. 그저 평범한 포도나무만이 당신 곁에 서있을 뿐이다. 열심히 하지만 소득이 없는 일반 농가가 될 뿐이다. 다른 사람을 모방하고 흉내 내는 것은 인간의 본성이다. 다른 사람들이 걸어왔던 길을 빠르게 모방하고 배우는 것이 잘못되었다는 것도 아니다.

창의력을 길러라

이제껏 우리는 사회가 규정한 관습을 따라 살아오면 적어도 위험은 피할 수 있다고 믿어왔다. 또 그렇게 배워왔다. 학창시절만 해도 그랬다. 초등학교 때부터 고등학교 때까지 정해진 규칙에 맞게 행동하고 생각하라고 길들여져 온 것이다. 엉뚱한 질문을 하면 수업에 방해꾼이 되었다. 시험 기간에 공부하지 않고 소설책을 읽고 있으면 이상한 학생이 되었다. 실제로 시험 기간에 소설책을 읽다가 선생님에게 뺨을 맞은 친구도 있었다. 남들하고 다르게 행동하면 늘 시련이 찾아왔다. 그저 남이 시키는 대로 하고, 남들 따라 평범하게 사는 일이 최선이었다. 우리는 다른 사람들의 생각과 행동에 영향을 받는다. 직장생활도 마찬가지였을 것이다. 튀지 않으려고 노력했을 것이다. 조직을 위해 선배와 상급자를 존중해야 했다. 무엇이 옳고 그릇된 행동인지는 중요하지 않았다. 그저 상급자의 마음을 헤아리고 예비하는 것이 최선이었던 셈이다. 이런 사회 속에서 살아왔으니 창의성을 기를 기회가 없었던 것이다.

먼저 개업한 선배들은 충고한다. "시장 상황이 좋지 않아!" "앞으로 더 힘들어질 거야!" 이 말에 지레 겁먹지 않았으면 한다. 이런 말은 자기발전을 하지 않는 자들이나 하는 말이다. 자기발전을 할 자신과 창의력을 키울 자신이 있는 자들은 사업에 뛰어들어 봄직하다.

창의력을 길러라. 남들과 같은 방식으로 하다간 절대 살아남을 수 없다. 아직 한 번도 시도해 보지 못한 방식, 남들이 택하지 않은 방법들을 연구하고 고민하라. 그래야만 4천5백 송이라는 훌륭한 성과를 거둘 수 있다. 남들이 하지 않았던 유기농 비료를 주고 포도나무 씨앗의 품종을 유럽산 야생 포도나무 씨앗으로 시작했던 것처럼 당신도 시도해야 한다. 경쟁자들을 의식하지 않아야 승리를 위한 길이 보인다. 특별함이 당신을 구원해 줄 것이다.

투자라는 이름으로
투기하고 있지는 않은가

워런 버핏 이야기

　워런 버핏은 20세기를 대표하는 미국의 사업가이자 투자가이다. 그는 투자의 귀재라고 불린다. 오마하의 현인이라 불리는 그의 투자과정을 지켜보는 것만으로도 우리는 많은 것을 배울 수 있다. 그리고 그에 대한 경외심을 갖게 된다. 그는 돈에 대한 열망이 강했다. 돈을 벌고 불려가는 재미는 그의 목표였고 전부였다. 열세 살쯤 사춘기가 되었을 때 그는 방황했다. 친구와 노느라 학교 성적은 좋지 못했다. 학교생활에 반감을 갖게 되고 성적은 한없이 뒤로 밀려났다. 평소 성적이 우수했던 아들이기에 부모의 실망은 클 수밖에 없었다. 다시 공부에 관심을 가지도록 마음을 다잡게 해야 했다. 신문 배달은 아들이 돈을 벌 수 있는 최고의 방법이었고, 몰입할 수 있는 일이었다. 아들의 마음을 움직이게 하는 방법은 신문 배달을 중단시키는 일이라고 생각했다. 아들은 꿈과 목표에 방해가 된다면 어떤 희생도 감수할 수 있다고 생각했다. 아버지의 압박수단은 간단했다. 아버지가 버핏의 마음을 잡게 했던 말이다.

"난 네가 무얼 잘할 수 있는지 안다. 나는 네게 백 퍼센트 완벽하게 하라고 요구하는 것도 아니다. 너한테는 두 가지 길이 있다. 계속 이런 식으로 행동할 수도 있고, 네가 가지고 있는 잠재력을 발휘할 수 있는 어떤 일을 할 수도 있다. 만약 계속 이렇게 하겠다면 신문 배달은 그만둬라."

신문배달은 결코 쉬운 일이 아니다. 신문배달을 위해서는 적어도 4시 30분에는 기상해야 한다. 유리한 배달 구역을 배정받으려면 신문 보급소장과 친해져야 했고, 그에게 믿음을 줘야 했다. 그래야만 주택가보다는 아파트에서 신문을 돌릴 수가 있었다. 몸이 아픈 날과 크리스마스에도 일을 쉴 수가 없었다. 하지만 버핏은 신문 배달을 하면서 자신의 사업 감각을 키워갈 수 있었다. 정해진 시간에 신문을 효율적으로 빨리 돌리는 일을 반복하면서 자신의 사업 감각을 키워갈 수 있었다. 시간을 절약하기 위해서는 어떤 배달 방법이 유리한지, 어디서부터 돌려야 하는지가 효율성의 판단 기준이었다. 또한, 구독료를 내지 않고 도망가는 사람이 많아서 버핏의 수입에 결정적인 영향을 미쳤다. 문제를 해결하기 위해 엘리베이터 안내원과 경비실에 있는 사람들과 친해져야 했다. 그들과 친해져야 신문 구독료를 내지 않고 이사 가는 사람들의 정보를 신속하게 얻을 수 있었다.

신문배달은 버핏의 중요한 돈벌이였다. 하지만 그때 당시 버핏에게 중요한 것은 돈을 버는 일보다도 방황을 끝내는 일이었다. 그는 결국 부모님의 뜻에 따를 수밖에 없었다. 그 어떤 말보다 신문 배달을 중단하라는 아버지의 말이 버핏의 마음을 움직인 것이다. 돈을 벌고자 하는 욕망 앞에 다른 선택은 없었다. 자신이 무엇을 좋아하는지 알게 되면서 소중한 것을 얻기 위해서 방황을 끝내야 했다.

결국 버핏은 공부를 다시 시작했다. 버핏에게 공부는 어렵지 않은 일이었다. 성적을 상위권으로 올려놓는 일은 오랜 시간을 필요로 하지 않았다. 많은 돈을 벌기 위해서는 그만큼 더 똑똑해야 한다고 믿었다. 고등학교 졸업까지 읽었던 수백 권의 경제 서적은 흔들리지 않는 투자 철학을 만들어주었고, 독서는 그에게 평생 가지고 갈 습관이 되었다. 어렵게 모은 돈을 자신이 모르는 영역에 투자한다는 것은 있을 수 없었다. 주식 투자는 어떤 투자보다 많은 돈을 벌 수 있다고 생각했다. 전무후무한 수익률을 기록하면서 신화를 써나간 것이다. 적은 돈이 모여 큰돈이 된 것이다. 그 결과 버핏은 세계 최고의 부자가 되었다.

투기가 아닌 투자를 해라

누군가를 닮고 싶은 이유는 그 사람이 이뤄낸 놀라운 성과를 신뢰하기 때문이다. 만약 주변에 누군가 엄청난 돈을 벌고 있다면 분명 그 사람의 투자방법을 배우고 따라 하고 싶을 것이다. 1950년 당시 버핏이 투자했던 종목은 공개되어 있었다. 그때 당시 사람들이 그를 따라 투자했다면 많은 사람이 엄청난 부를 이루었을 것이다. 당시 그의 이름은 사람들 사이에서 은밀하게 알려지기 시작했다. "돈을 벌고 싶으면 워런 버핏에게 맡겨라."라는 말까지 생겨났다. 실제로 버핏을 따라 투자했고 끝까지 같이했던 사람도 있었다. 그의 능력을 믿고 맡겼던 한 의사 부부는 사십 년 동안 수조 원대의 자산가가 되기도 했다. 그렇다고 해서 그 부부가 그런 성공을 하루아침에 이뤄낸 것은 아니었다. 우연한 행운은 더더욱 아니었다. 오랜 기간 같이했기에 가능한 일이었다.

버핏의 자녀들도 아버지가 물려준 주식을 계속 보유했다면 많은 수익으로 보상받을 수 있었을 것이다. 하지만 그들은 오랜 기간 보유하지 못했다. 돈을 벌려는 욕구보다는 사업에 더 관심이 많았기 때문이다. 사업 자금 마련을 위해 주식을 팔았을 수도 있다.

우리는 판단하고 결정할 수 있는 자유를 가지고 있다. 투자한 자산에 성공 확률을 계산해 낼 수 있다면 많은 돈을 벌 수도 있다. 그러나 그 분야에 대해 많이 알지 못하면 성공 확률은 낮을 수밖에 없다. 자신이 하고자 하는 사업도 투자라고 할 수 있다. 많이 알고 몰입할 수 있는 일이라면 그곳에 투자해야 한다. 그것은 주식일 수 있고 부동산이 될 수도 있다. 자신이 하는 사업일 수 있다. 자신이 무엇을 알고 있고, 무엇을 모르는지 정확히 아는 것에서 투자는 시작된다고 봐야 한다. 돈을 벌기 위해 잘 알지도 못하는 분야에 투기하고 있지는 않은지 생각해 봐야 한다. 법무사 개업을 하고 싶다고 무작정 뛰어든다면 당신은 모르고 투자하는 것과 같다. 무엇을 준비해야 하는지 어떤 방향으로 시작해야 하는지 당신의 경쟁력은 어떤 분야에 몰입했을 때 발휘되는지 알아야 한다. 얼마 동안 준비해야 하는지도 알아야 한다. 당신은 자신의 미래에 투자하고 있다. 상당한 시간과 위험을 안고 투자하는 일이다. 모르고 투자할 수는 없는 것이다. 다시 한번 생각해 보자. 투자라는 명분으로 투기를 하고 있지는 않은가.

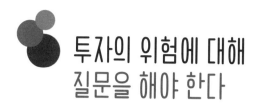

투자의 위험에 대해
질문을 해야 한다

진짜 투자를 시작하라

당신이 새로운 사업을 시작했다는 것은 투자과정에 있다는 소리다. 또한 수익률 게임을 하고 있다고 볼 수 있다. 당신은 지식과 경험을 가졌고 사업은 당신과 함께 항해를 시작한다. 지금까지 해왔던 투자가 주식과 부동산이었다면 지금부터는 다른 형태의 투자라고 할 수 있다. 그간 주식투자는 어울리지 않는 옷처럼 당신을 힘들게 하였다. 전공 분야도 아니었다. 자신에게 맞고 좋아하는 일을 했을 때 성공 확률이 높아진다는 것을 많은 시행착오 후에 알았다. 이제부터는 당신이 시작하는 사업이 진짜 투자라고 할 수 있다. 무엇을 해야 하고, 하지 말아야 할지, 우선순위는 무엇인지 당신은 판단할 수 있다. 당신은 수많은 선택과 결정을 해야 하고 그것은 주식시장의 큰손처럼 수익률에 영향을 미친다. 얼마나 멋진 일이고 재미있는 일인가. 잘 알지 못하는 주식에 투자했을 때를 기억하는가? 당신이 할 수 있는 일은 거의 없었다. 언제 떨어질지 모를 감을 받아먹기 위해 감나무와 하늘을 쳐다보면서 입을 벌리고 있어야 했다. 잠을 설치면서 두려워했던 수많은 날이 있었다. 자신에게 들어온 고급정보를 남들은 모르고 있어서 자신을 구원해 줄 수 있다고 믿었다. 전문가라는 사람을 믿고 따랐지만, 결과는 참담했다. 당신에게 쏟아지는 정보가 많을수록 회의감만 깊어졌다. 나중에서야 그것은 헛된 희망이라는 사실을 깨달았을 뿐이다.

고통을 겪고 한참이 지나서야 깨달았다. 이제는 상황이 바뀌었다는 사실을 말이다. 당신이 하는 사업적 판단과 결정은 많은 시간과 노력을 필요로 한다. 물론 진행 도중 위험이 찾아올 때도 있다. 두려움을 극복해야 할 때도 있다. 힘들고 오랜 시간이 걸릴 때도 있지만 회사를 위해 당신이 해야만 하는 일이며 재미있는 일이기도 하다. 당신은 그만큼 수익으로 보상받을 수 있는 일이기 때문이다. 주식시장에서는 돈이 많은 큰손이 주가를 밀어 올려 수익을 만들어낸다. 이제 당신은 큰손들이 주가를 밀어 올리는 것처럼 회사를 잘 운영해서 수익을 만들어 낼 수 있다. 당신은 처음 시작한 사업에서는 힘이 없어 수익이 없겠지만, 시간이 지날수록 힘은 세지고 수익은 늘어날 것이다. 수익은 이제 당신 것이다. 근육을 키워 변화에 성공한다면 더 큰 수익을 만들어낼 수도 있다. 방향을 정했으면 첫발을 딛고 걸어가야 한다. 사업을 위해 반드시 해야 할 일이다. 지금부터는 자신의 의지대로 모든 것을 할 수 있다. 결정이 잘못되었다면 다른 방법을 찾는 것도, 포기하는 것도 자유다. 진정한 투자가 시작되는 것이다. 당신은 생각이 넓어지고 근육이 발달할수록 목적지에 쉽게 도달하게 된다. 사업을 해서 수익을 올렸다는 것은, 당신이 했던 사업적 결정과 판단들의 결과물이라고 볼 수 있다. 경험이 많아질수록 해야 할 일이 무엇인지 선택이 쉬워지고 위험에 대한 당신의 대응 능력도 향상될 것이다.

그동안 주식투자는 잘 모르고 했기 때문에 위험했다. 또한 수익과도 거리가 멀었다. 쪽박일 때가 더 많았다. 수익은 우연히 나오는 게 아니다. 그동안 주식투자에서의 선택지는 두 가지가 전부였다. 보유하고 있을 것인가, 매도할 것인가.

주식투자는 언제 해야 하는가

사업도 투자이고 주식도 투자이다. 그러나 자신이 잘 모르고 투자한다면 수익률은 낮아질 수밖에 없다. 이제는 투자와 투기가 무엇인지 구분할 수 있게 되었다. 또한 투기의 위험 역시 이해하게 되었다. 주식투자를 하지 말라는 얘기가 아니다. 사업이 성공으로 이어지면 많은 돈이 쌓이게 되고 당신은 더 많은 돈을 벌고 싶어질 것이다. 그렇다면 주식투자를 할 때는 언제인가. 바로 이때다. 당신이 시작하는 사업이 성장을 다했고, 현금성 자산이 계속해서 늘고 있을 때 주식투자를 하라고 말하고 싶다.

불안하고 다급하면 돈은 자연스레 멀어지게 된다. 자신이 평온하고 여유가 있을 때 주식투자를 시작하면 된다. 당신이 필요한 것보다 훨씬 많은 돈을 가지고 있다면 더 좋은 때라고 할 수 있다. 하지만 그저 더 많은 돈을 벌기 위해 주식투자를 시작한다면 당신은 어려워질 수 있다. 나는 한때 투자에 자만한 적이 있었다. 한 종목을 장기투자라는 명목으로 10년 가까이 보유한 적도 있었다. 나는 그때 투자를 하고 싶어서 어떻게든 스스로를 합리화하려 애썼다. 그러다가 뒤늦게야 깨달았다. 주식과 사랑에 빠지지 말아야 한다는 사실을 말이다.

확실하게 많은 돈을 가졌을 때, 자신의 돈으로 위험을 통제할 수 있을 때 다시 투자를 시작하라. 사업도 투자다. 자신의 영역에서 성공하는 것 또한 성공을 위한 투자라고 할 수 있다.

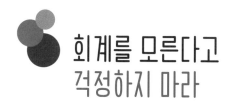

회계를 모른다고
걱정하지 마라

회계는 그리 단순한 것이 아니다

사업을 시작한 순간 당신에게 펼쳐질 삶의 경로는 크게 두 가지로 나뉜다.

첫 번째, 일이 잘 풀리는 경우다.

성공적인 사업으로 인해 당신은 경제적 여유를 누리게 되었다. 이러한 여유는 당신을 풍요롭게 만든다. 일, 노력, 전략을 통해 이뤄낸 성과물은 당신에게 경제적 여유를 준다. 급여날짜가 다가와도 당신은 전혀 두려워하지 않는다. 직원들에게 당신이 가진 모든 노하우를 전수해 주었고 그 직원은 이제 시스템 속에서 일하고 있다. 그 직원이 다른 직업을 찾아 떠나간다고 해도 당신은 걱정하지 않는다. 큰 회사는 아니지만 연 매출 10억 아닌가. 당신이 가져가는 수익은

25%가 넘는다. 여유로운 삶이라고 할 수 있다.

그러나 두 번째 사례 같은 경우는 다르다. 일이 잘 풀리지 않는 경우다. 직원들에게 꼬박꼬박 급여를 지급하지만 정작 자신은 최저임금보다 적은 금액을 받으며 생활해 가고 있다. 월급날이 다가올수록 공포감이 밀려올 것이다. 직원 봉급을 주기 위해 카드빚을 사용하고 가족 친지에게 돈을 빌려야 한다. 일이 전혀 없는 것도 아니고 연매출이 3억이나 된다. 직원을 해고할 수도 있지만, 용기가 없다. 직원이 없다면 그나마 있던 매출도 줄어들 게 분명하기 때문이다. 물론 큰 사건 하나만 계약한다면 형편은 나아질 수 있는 상황이다. 그렇게 되면 급여도 해결할 수 있고 빌렸던 돈도 갚을 수 있다. 조금만 참고 기다려보자. 이래봬도 전문직 아닌가. 열심히 일하다 보면 좋은 날이 오겠지!

두 개의 사례 중에서 어떤 삶을 원하는지 묻지 않겠다. 당신이 하는 사업에 대해 진단해 봐야 한다. 직원을 위해 당신이 일하고 있지는 않은가? 영업이라는 명목으로 불필요한 지출을 정당화하고 있지는 않은가? 이런 질문들을 던져봐야 한다. 경제적 자유를 얻기 위해 지금 당신에게 필요한 것은 무엇인가.

해결책을 찾아보자. 자신이 모든 일을 알고 장악할 수 있어야 한다. 일을 알고 장악하지 않으면 뭐가 문제인지 알 수 없다. 자영업자라는 말을 들어봤을 것이다. 사업을 소유하는 자가 직접 운영까지 한다는 의미다. 자영업자는 기본적으로 일을 알고 있어야 하고 회사 직원들에게 업무를 지시할 수 있어야 한다. 그리고 자신 역시 일한 대가로 월급을 가져갈 수 있어야 한다. 자신의 경력, 전문지식, 노하우, 일 처리 속도 등을 고려해서 어느 정도가 자신의 월급액으로 적당한지 고민해 봐야 한다.

당신은 기업의 직원임과 동시에 기업의 주인, 즉 소유주다. 일 처리에 대한 보상으로 급여를 받아가는 것은 당연하다. 소유주로서의 몫도 챙겨야 한다. 그렇다면 소유주로서 챙겨야 하는 돈의 성격에 대해 알아야 한다. 여기에서부터 회계가 시작된다. 소유자는 일에 대한 보상으로 받는 급여 외에 어떤 돈을 가져가야 할까. '급여와 비용을 처리하고 남는 돈을 모두 가져가야 하지 않을까'라고 생각할지 모른다. 그러나 회계는 그렇게 단순하지 않다.

수입은 매출이다. 매출에서 다시 비용을 빼면 영업이익이 남는다. 영업이익에서 다시 세금과 이자 등을 지급하고 남은 돈이 순이익이다. 순이익에서 소유자에 대한 보상이 시작된다. 소유자에 대한 보상으로 돈이 지급되고 남은 돈이 있다면 그것이 바로 자본금이 되는 셈이다.

돈의 성격을 알아야 한다

수입계좌(매출로 벌어들인 금액)에는 많은 돈이 들어와 있다. 어떤 성격의 돈인지 알려면 돈의 쓰임새를 구분해야 한다. 수입계좌에서 자신이 가져가야 하는 돈이 얼마인지 급여로 얼마를 줘야 하는지 직원을 이해시켜야 한다. 수입계좌에 들어있는 돈에는 세금, 등록세, 비용, 이자, 수수료, 직원 급여, 수익, 송달료, 인지료, 매출채권, 세무사 기장료 등 모든 돈이 섞여있다. 여기에서 당신이 가져가야 할 돈이 얼마라고 생각하는가. 직원처럼 일한 대가로 가져가는 돈은 합리적으로 정할 수 있다. 그렇다면 나머지 수입 통장에 남아있는 돈은 어떻게 해야 할까. 수입계좌에 들어있는 돈은 섞여있다. 다음 연도 초까지 내야 할 세금, 다음 달에 지급할 급여, 임대료 등이 들어있다.

지금부터 수입계좌를 여러 계좌로 나눠야 한다. '수익이 얼마 되지도 않는데 왜 계좌를 나눠야 하지?'라고 의아하게 여길지도 모른다. 그러나 회계를 단순하고 쉽게 만들려면 여러 계좌로 나눠야 한다.

먼저 세금계좌를 만들어야 한다. 세금은 자기 돈이 아닌 국가 돈이다. 세금을 못 내면 신용불량자가 되고 감옥에 갈 수도 있다. 무서운 돈이다. 꺼내 쓰고 싶은 유혹에서 차단해야 한다. 그러기 위해서는 타 은행에 계좌를 만들어야 한다. 수입계좌에 매출 금액이 들어오는 순간 부가세를 공제해서 세금계좌에 이체시키면 된다. 그리고 세금계좌는 인터넷 뱅킹 서비스를 신청하지 않아야 한다. 이체할 수 없게 만들어 본인이 직접 창구에 가서 찾을 수 있게 만들어야 한다. 돈이 있다는 것을 모르게 말이다.

다음으로 수익계좌를 만들어야 한다. 수입계좌가 아니다. 수입계좌는 모든 돈이 들어있지만, 수익계좌는 그렇지 않다. 여기서 말하는 수익이란 영업이익에서 세금과 이자 등을 공제하고 남은 돈이라고 할 수 있다. 수익계좌에는 두 가지 용도가 있다.

첫 번째는 비상금 성격의 돈이다.

매출이 급격하게 줄어들 때를 대비해 현금을 쌓아놓아야 한다. 경기가 좋지 않다고 급여를 줄일 수는 없기 때문이다. 3개월의 직원 급여 정도를 보유하고 있어야 한다. 당신을 구원해 줄 돈이다.

두 번째는 소유자로서 가져가야 하는 돈이다.

분기별로 이익금의 반절은 자신에게 보상해야 한다. 수익계좌도 쉽게 찾을 수 없게 인터넷 뱅킹 서비스를 신청하지 말아야 한다. 보이지 않는 곳에 놓아두면 그 돈은 분명 당신에게 도움을 줄 것이다. 이제 두 계좌를 만들어 유혹을 차단했다. 그리고 나머지 돈을 가지고 운용하면 된다. 다른 계좌는 현실성 있게 만들어라. 수입계좌에 들어오는 돈은 다른 운용계좌 등을 만들어 이체시켜야 한다. 급여계좌(직원봉급 및 자신의 봉급계좌), 반복적인 지출 계좌(송달료, 등록세, 인지료, 임대료, 자동차 할부금, 주택할부금, 수도, 전기, 가스비용 등), 영업 계좌(고객들과의 식사, 로비 비용 등)를 만들어 활용하라. 회계가 아직도 복잡하다고 생각되면 더 세부적으로 계좌를 나누면 된다.

이렇게 하는 이유는 단 하나다. 혼란을 겪지 않기 위해서다. 먼저 세금과 수익을 미리 공제해 차단하면 규모 있는 살림이 시작된다. 없으면 없는 대로 규모에 맞춰 사업을 운용해 갈 수 있다. 돈을 사용할 때 필요한 지출인지를 다시 한번 생각하게 된다. 용도별도 지출을 명확히 구분하면 회계를 이해하기 쉬워진다. 계좌를 분리하는 것만으로도 사업의 성공을 앞당길 수 있다. 그러니 회계를 모른다고 해서 걱정할 필요는 없다.

6부

새로운 시작

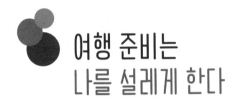

여행 준비는
나를 설레게 한다

사업이라는 여행

　나의 첫 해외여행은 사이판이었다. 인터넷에 올라온 여행상품의 가격은 매우 저렴했다. 찾아보기 힘들 정도로 적은 금액을 제시하고 있었다. 순간 나는 이 여행상품이 나를 위해 제시된 금액이라고 생각했다. 어쩌면 금방 없어질지도 모르기 때문에 빨리 계약해야 한다고 생각했다. 드디어 계약에 성공했고 나는 첫 해외여행을 갈 수 있었다. 사이판 여행 관련 블로그를 찾아보고 여행 후기를 읽으면서 필요한 것들을 알아갔다. 첫 해외여행은 우리 가족들 모두를 설레게 했다. 여행일정표에 등장한 지명을 찾아보며 한국 사람들이 살지 않는 새로운 곳에 대한 호기심을 채워갔다.

저렴한 여행상품 덕분에 비용을 절약할 수 있어 좋았다. 여행상품이 왜 이리 싼가, 궁금했지만 그건 나와는 상관없는 일이었다. 그냥 여행상품이 저렴해서 좋았을 뿐이다. 친구, 가족과 함께 떠나는 첫 해외여행이었다. 수영복과 선글라스도 사야 했다. 여행상품을 싸게 계약했다는 것은 돈을 절약했다는 것이다. 절약한 돈으로 멋진 추억을 생각하며 더 많은 돈을 쓰고 있었다. 여권을 만드는 일부터 모든 것이 처음이었다. 전주에서 리무진 버스에 올랐다. 4시간 가까이 달려 인천공항에 도착했다. 비행기 시간이 2시간 남짓 남아있었다. 그런데 마중 나오기로 했던 여행사 직원이 보이지 않았다. 아직 시간적인 여유가 있기에 걱정이 되진 않았다. 하지만 나는 궁금하여 여행사 직원에게 전화해 보았다. 전화기가 꺼져있었다. 뭔가 잘못되어 가고 있었다. 불안한 마음에 재차 통화를 시도했다. 그렇게 휴대전화에 매달려 한 시간을 허비했다. 마음이 급해졌다. 받지도 않는 전화기에 희망을 걸 수는 없었다. 비행기 출발까지 남아있는 시간은 30분이었다. 문제를 해결해야 했다.

그때 갑자기 항공사에 근무하는 친구가 생각났다. 그에게 전화를 걸었다. 모든 게 처음인 나에게 그 친구는 구세주였다. 침착하게 친구가 알려준 대로 따라 했다. "비행기 표 발권을 먼저 해야 해!" 그러나 기다리고 있는 여행객들이 너무 많았다. 뒤에서 순서대로 기다릴 수는 없었다. 그렇다고 무턱대고 새치기도 어려웠다. 친구가 알려준 방법으로 맨 앞에 있는 사람에게 양해를 구했다. 비행기 시간을 말하면서 "지금 발권을 하지 못하면 비행기를 탈 수 없습니다. 죄송

합니다…." 첫 여행의 시작이었다. 비행기 탑승 10분 전 여행사 직원에게 전화가 왔다. "죄송합니다. 어제 주말 늦게까지 일정이 늦어져 늦잠을 잤습니다. 핸드폰 전원이 꺼져있어 알람도 울리지 않았습니다. 정말 죄송합니다." 우여곡절 끝에 비행기는 사이판을 향해 출발했다. 그렇게 나의 첫 해외여행은 소중한 추억으로 남아있다. 오래된 얘기이지만 지금도 그때의 설렘은 잊을 수 없다.

사업도 일종의 여행이다. 초반엔 다소 어려움을 겪었지만 먼 후일 자신이 원하는 삶을 살아가게 되듯 사업도 마찬가지 아닐까. 이일을 계기로 나는 사업여행을 시작하려고 한다. 플랜과 콘셉트를 잡고 긴 여행을 시작하려 한다. 포도나무를 심고 4천5백 송이 포도를 재배하려고 한다. 그리고 이내 곧 내가 재배할 품종의 씨앗을 찾았다. 그건 바로 유럽산 포도나무 씨앗이었다. 사업이라는 여행이 부디 순풍을 달고 목표점에 무사히 도달하길 바란다.

여행길을 함께할 동반자를 구하라

여행을 시작하면 많은 변수가 찾아올 것이다. 어떤 변화가 찾아올지 모른다. 변화에 대처하는 방법은 신중하게 준비하고 천천히 앞으로 나아가는 일뿐이다. 모든 고객을 확보하려는 생각을 멈춰라. 모든 고객이 아닌 우수고객을 찾아 나서면 된다. 모든 것을 다 할 수 있다는 생각을 버리고 전문분야를 정해야 한다. 그것이 자기 브랜드를 만드는 가장 빠른 길이기 때문이다. 평범한 포도 씨앗으로는 결코 4천5백 송이 포도가 열리지 않는다. 유럽산 야생포도나무 씨앗을 찾아 나서야 하는 이유이다. 재배방법은 반복하고 실행하면서 습득하면 된다. 병충해가 찾아오고 태풍이 온다고 농사를 포기할 수는 없다.

처음 시작은 언제나 어렵다. 고객이 한 명도 없을 수 있고, 사무실 임대료도 내기 어려울 수 있다. 사업을 시작하기 전 1년 동안 잠재적인 고객을 그려야 한다. 그 고객이 어디에 있는지, 그 고객을 충성고객으로 만들려면 어떻게 해야 하는지를 고민해야 한다. 이제는 실행 단계에 와 있는 것이다. 플랜대로 모든 분야가 아닌 특정 분야의 업무를 정했다. 특정 분야와 관련된 고객들이 모여 있는 곳이 어디인지를 파악하면 된다. 그들은 모여있을 확률이 높다. 서로 모여 힘을 받고 열정을 쏟아내는 모임을 찾아야 한다. 그곳에서 그들과 같은 일원이 되면 된다. 그들과 함께 참여하고 활동하면서 그들을 도와주면 된다. 충성고객을 만들려면 자신도 같은 꿈을 꾸고 있다고 말하고 동료의식을 가지면 저절로 충성고객이 된다. 법인 전문 법무사 개업을 준비하고 있다면 창조경제센터에 가보라. 기업설립을 준비히는 사람들이 모여있다. 그곳에는 사업 아이템을 가지고 창업을 하려는 사람들이 각종 세미나와 교육을 받기 위해 와있다. 자신도 창업을 플랜하고 있다고 말하면 된다. 그리고 카네기 클럽에 가봐라. 거기에는 열정에 미쳐있는 뛰어난 사람들이 모여있다. 그곳에서 당신도 미치면 된다. 같이 미쳐있으면 즐겁다. 행복하다. 그들과 함께 모임을 만들고 참여하라. 그들과 같은 일원이 되고 그들을 도와주면 된다. 그들은 이제 당신의 충성고객이 될 것이다.

뱃머리에 서서
항로를 읽어라

자신만의 플랜을 갖고 항해를 시작하라

당신은 당신만의 4천5백 송이 포도나무 플랜을 품고 항해를 시작하려 한다. 당신은 지금 배의 선장이며 이것은 특별한 항해가 될 것이다. 선장의 머릿속에는 그 플랜이 들어있다. 항로를 놓치지 않고 뱃머리에 서서 멀리 바라봐야 한다. 눈앞에 펼쳐지는 파도와 날씨도 당신의 항해를 방해할 수는 없다. 자신만의 플랜이 있으면 항로를 이탈하지 않는다. 물론 잠시 방심하여 항로를 벗어날 수도 있다. 하지만 플랜이 있기에 다시 돌아와 항해를 시작할 수 있다. 당신의 4천5백 송이 포도나무 플랜이 항로와 목적지를 알려주기 때문이다. 이제 매출을 늘려야 하고 이익을 남겨야 한다. 시간을 낭비하지 않아야 하고 업무를 시스템화해야 한다. 당신의 플랜은 항로를 알려주는 나침판과 같다.

미래를 예측할 수 있는 가장 좋은 방법은 미래를 창조하는 것이다. 미래를 창조할 수 있으면 성공은 가까워진다. 기존에 없던 것을 새롭게 만들어내라는 것이 아니다. 기존에 있던 것을 찾아내고 융합해서 변화를 주면 된다. 상식에 벗어나 있고 남들이 하지 않는 방법으로 나아가야 한다. 편견을 극복했을 때 성공이 더 가까워지는 법이다.

곤충의 눈으로 주위를 보고, 새의 눈으로 멀리 보라는 말이 있다.

성공하려면 차별화, 세분화, 집중화해야 한다. 현재를 진단하고 문제점을 파악하면 미래 예측이 쉬워진다. 자신을 알릴 수 있는 최고의 방법은 브랜드를 만드는 것이다. 남들을 따라하고 경쟁에만 몰두한다면 브랜드를 만들 수 없다. 열심히 일하지만 평범해지고 수익은 멀어지는 셈이다. 자신만의 플랜성을 갖고 나아가면 된다. 남들은 시도하지 않은 방법을 시도해야 한다. 그래야만 성공 가능성이 높아진다.

자신만의 전문분야를 찾아 나서라

자신만의 전문분야를 찾아 나서야 한다. 좁히고 줄인다고 걱정하지 마라. 당신은 이미 마케팅 전문가가 되는 방법을 알고 있다. 많은 것을 성취하려고 욕심 내다간 자칫 더 많은 것을 잃게 된다. 일만 벌어놓고 어떤 수확물도 걷지 못하는 셈이다. 활동분야를 좁혀야 더 많은 것을 얻을 수 있다. 모든 고객을 향해 "당신은 최고의 고객입니다."라고 말하고 싶겠지만 참아라. 말하지 않아도 본인들이 안다. 자신이 어떤 대우를 받고 있는지, 얼마나 소중한 사람인지 말이다. 목적지가 없는 사람의 배도 출발을 한다. 그러나 어디로 향할지 모른다. "어느 항구를 향해 갈 것인지 생각지도 않고 노를 젓는다면 바람조차 도와주지 않는다."라고 세네카는 말했다. 당신은 목표와 목적지가 있고 플랜도 있다. 드넓은 바다를 향해 당신만의 플랜으로 항해를 시작하면 된다. 바람도 당신의 편에 서있을 것이다.

세계 최대의 인터넷 쇼핑몰인 '아마존'을 보자. 아마존의 처음 시작은 인터넷에 전문서적을 판매하는 일이었다. 특정 고객을 상대로 만족시킬 수 있으면 성공이 가까워지는 법이다. 작게 시작했지만, 그것은 성공을 위한 빠른 길이었다. 처음 인터넷 서점을 시작하면서 충성고객을 확보하기 위해 독자들에게 별점과 리뷰를 사이트에 올릴 수 있게 하였다. 같은 책을 읽었던 독자들의 참여와 활동하는 공간을 만들어 주었고, 그곳에서 아마존이 도서정보로 통합해 주었다. 전문서적의 독자들을 상대로 첫 판매를 시작해 충성고객을 확보했다. 고객을 확보한 아마존은 충성고객들을 기반으로 사업영역을 확대해 나갔다. 충성고객이 어떤 상품을 구매했는지, 어떤 상품에 관심을 보였는지, 수많은 연결고리를 찾아서 고객의 수요를 찾아 충족해 나갔다. 충성고객을 만족시키는 것은 많은 것을 알게 해준다. 충성고객을 확보하는 방법을 알고 있고 그것을 충족시키다 보면 사업의 핵심을 파악하게 된다. 이렇게 되면 성공으로 가는 길이 쉬워진다. 모든 고객을 만족시키려는 것은 평범해지는 길이고 어려움이 찾아오는 일이다.

마이클 사울 델Michael Saul Dell은 미국 비즈니스계의 거물이며 사업가이다. 그는 세계적인 개인용 컴퓨터 판매기업인 '델'의 창립자다. 그는 창업 초기 모든 사람을 상대로 PC를 판매하려고 하지 않았다. 대학 기숙사에 있는 컴퓨터 고객층에 한정해서 영업을 시작했다. 그는 처음 PC를 조립해 팔다가 맞춤형 PC로 이익을 남기려면 유통업체를 거치지 않고 소비자에게 직접 판매해야 한다는 것을 깨달았다. 당시 PC 제조업체들은 직접 판매에 관심이 없었다. 직접 판매하려면 영업비용이 많이 든다고 생각했기 때문이다. 델은 돈이 없었기 때문에 대학 기숙사에 있는 엔지니어, 학생 등 소수 고객을 상대로 직접 영업을 시작했다. 소수 고객에게 최선을 다했고 충성고객을 만들어 성공했다. 당시 수많은 경쟁업체가 있었다. 다른 업체는 중소기업, 자영업자, 일반 소비자 모두를 상대로 영업을 하고 판매해야 한다고 생각했지만, 델은 그렇게 하지 않았다.

모든 사람에게 최선을 다하려고 했던 수많은 기업은 사라지고 없다. 소수 고객을 충성고객층으로 만든 델은 세계적인 기업이 되었다. 소수 충성고객층을 확보했고 전문분야를 정해 성공했다. 전문분야에서 성공한 결과, 다른 분야로 확대해 가고 그 분야의 충성고객을 확보해 가는 것도 어렵지 않게 해낼 수 있다. 그러나 작고 좁은 분야에서 당신의 충성고객을 확보했는지 명확하지 않다면 확실해질 때까지 사업의 확장을 미뤄라. 전문영역에 한정하고 충성고객을 완전히 확보한 후에 다른 영역으로 확장해야 한다. 준비되지 않는 섣부른 확장은 당신을 힘들게 한다. 당신의 항해에 장애를 극복할 힘은 전문화이고 충성고객 확보다. 당신은 뱃머리에 서서 항로를 읽고 있다. 자신만의 항로이다. 10년 후 미래의 모습에 대해 상상해 보자. 당신은 사업 위에서 일하고 있어야 한다. 여행하거나 쉬고 있더라도 당신의 사업은 당신을 위해 움직이고 있어야 한다. 복잡하고 어렵지 않다. 쉽게 목적지에 도달하려면 항로를 알고 있어야 한다. 자! 뱃머리에 서서 항로를 읽고 항해를 시작해 보자.

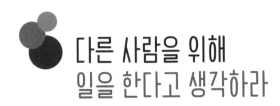

다른 사람을 위해
일을 한다고 생각하라

세 번째 벽돌공이 되어라

벽돌공에 대한 우화를 들어보자. 세 명의 벽돌공에게 물었다. "무엇을 하고 있습니까?" 첫 번째 벽돌공이 대답했다. "벽돌을 쌓고 있습니다." 두 번째 벽돌공이 대답했다. "교회를 짓고 있습니다." 세 번째 벽돌공이 대답했다. "하느님의 성전을 짓고 있습니다."

많은 사람이 세 번째 벽돌공이 되기를 원할 것이다. 즐겁고 보람 있는 일이기 때문이다. 그러기 위해서 방향을 정해야 한다. 방향이 잘못되어 있다면 당신은 첫 번째 벽돌공처럼 일만 하게 되고 그 일이 힘이 든다. 자신이 하는 일이 방향이 옳다면 자신만을 위한 것이 아닌 다른 사람을 위해서 한다고 생각해 보자. 당신이 세상을 아름답게 만드는 일을 하고 있다고 생각하자. 자신이 하는 일이 세상을 변화시킬 수도 있다면 얼마나 멋지고 행복한 일인가. 뒤죽박죽인 생각으로 판단을 흐리지 말아야 한다.

확신에 차서 일을 시작해야 한다. 그래야 선택과 집중할 수 있다. 한 가지 일을 정했으면 그것에 대해 반복적으로 생각하고 파고들어야 한다. 선택과 집중은 엄청난 힘을 발휘한다. 생각이 정리되고 전문화가 이루어진다. 어려운 뇌수술을 하는 외과 의사가 있다. 그 의사는 수술이 정말 쉽다고 한다. 누워서 식은 죽 먹기라고 한다. 뇌수술은 수많은 과정이 필요한 일이다. 그러나 세세하게 수술 과정을 나눠보면 간단한 일이다. 방향을 정하고 순서를 알고 있으면 해낼 수 있다. 정해진 루틴을 따라서 생각을 줄이는 일에서 전문화가 이루어지는 것이다. 잘하지 못하는 일들에 대해 가지치기를 하고 좋아하고 자신에게 맞는 일을 찾아서 일을 시작하자. 그리고 지속하면 된다.

업무를 세분화, 전문화하라

당신의 일이 세분화, 전문화되면 가속도가 붙을 것이다. 우선순위에 밀리는 일은 다른 사람에게 맡겨도 된다. 그 일을 포기하라는 것이 아니다. 단지 그 일을 끝낼 책임을 다른 사람에게 맡기면 된다. 진행 상황만 알고 있으면 되고 세세하게 관여하지 말아야 한다. 그리고 당신이 필요하고 좋아하는 일은 마감 시한을 정하고 그 시한까지 마무리해야 한다. 그 일을 통해 누군가 당신에게 의존하고 도움을 받고 있다고 생각하면 그것은 당신을 계속 전진하게 할 것이다. 그러면 많은 사람이 찾아오게 되고 그들에게 도움을 주게 될 것이다. 그 상태에서 일에 대한 열정과 소명의식이 생기는 것이다. 쉽고 편안한 일이 되는 것이다. 세분화, 전문화된 일이기에 가능한 것이다. 그리고 중간중간에 휴식을 취하면 된다. 그런 식으로 자신의 수고를 보상해주면 된다. 성공을 확신하는 순간 두려움은 사라진다. 처음 성장은 더딜 것이다. 어려움도 만날 것이다. 하지만 당신에겐 나름대로의 플랜이 있다. 4천5백 송이 포도나무 플랜이다. 당신에게 열정을 주는 계획이다. 과제를 끝낼 때마다 목록을 지우고 다음 목록에 집중하면 된다. 이런 식으로 해결해 나가면 하지 못할 일은 없다. 자신의 한계를 설정하고 벗어나지 못하면 당신은 아무것도 할 수 없다. 자리를 박차고 일어나서 시작하자.

타인을 위해 일하라

내가 진행 중인 업무에 적당한 힘이 실리는 것은 중요하다. 목표를 정하고 방향도 정했다면 이제 아이디어와 생각들을 정리하고 행동으로 옮겨야 한다. 목록을 만들고 우선순위를 정해서 실천해야 한다. 당신의 모임에 충성고객이 있고 그 모임에서 해외여행 플랜이 잡혀있다면 당신은 충성고객을 만족시키기 위해 무엇을 해야 할까?

즐거움을 선사해야 한다. 당신의 도움이 필요하다고 느끼게 만들어야 한다. 허풍을 떨고 다니라는 얘기가 아니다. 당신의 전문화된 실력으로 사업적 도움을 주어야 한다. 당신의 충성고객을 소중하게 대할 때 그 고객도 당신을 똑같이 대한다. 왜 중요하지도 않은 고객들에게 명함을 주는 것이 시간 낭비인지 당신은 알고 있다. 복잡한 생각을 정리해야만 한다. 많은 일을 다 하려고 하면 안 된다. 전문분야를 정하고 충성고객을 위해 일해야 한다. 그 일은 좋아하는 일이고 하고 싶은 일이기 때문에 힘이 실린다. 그리고 그 일에 몰두하게 된다. 어쩔 수 없이 해야 할 일이고 힘든 일이라면 당신은 그 일을 잘 해 낼 수 없다.

열정의 원천이 되는 것은 결국 목표와 열망이다. 앤젤라 더크워스는 다음과 같이 말했다. 목표를 더 발전시키는 요인이 있는데 그건 바로 자신이 아닌 타인을 위해 목표를 설정하는 일이라고 말이다. 자신을 위해 많은 돈을 벌고 성공하는 것이 목표가 될 수 있다. '돈을 벌고 난 후에 다른 사람을 도와주면 되는 게 아닌가' 하고 생각할 수도 있다. 생각을 바꿔보아라. 자신에게 가장 소중한 사람, 즉 사랑하는 사람을 위해 하는 일이라고 생각하라. 그러면 당신이 하는 일에 힘이 실리고 재미가 더해질 것이다. 나는 큰아들을 프로골피로 키웠고, 둘째 아들은 거문고를 배우고 있다. 아들들은 열심히 노력하고 있다. 지금은 경제적으로 어렵다는 것을 알고 큰아들은 부모에게 부담을 덜어주자는 생각으로 군대에 가있기도 하다. 이것이 내가 사업을 시작하려는 이유다.

이처럼 나 자신이 아닌 타인을 위해 목표를 설정해라. 겉으로 보기엔 손해 보는 장사처럼 보일 수 있다. 남을 위한 행동이니 말이다. 하지만 당신은 그것을 알아야 한다. 이타주의 역시 일종의 보상심리에서 기인한다는 사실을 말이다. 이것이 인간이라는 동물의 속성이며 본능이다. 남을 향해 베푼 것들은 언젠가 나 자신에게 돌아오기 마련이다.

고객을
한정하라

타깃을 설정하라

고객을 한정하고 그들에게 집중해야 한다. 이 길이 성공으로 가는 빠른 길이다. 하지만 이 책을 읽는 당신은 여전히 의구심을 떨치지 못할 것이다. '한 명의 고객이라도 늘리는 것이 얼마나 어려운데 줄이면 망할 수도 있지 않을까.', 이렇게 생각할지도 모른다. 그 마음을 나 역시 충분히 이해한다. 그러나 줄여야 한다. 줄일 수 있을 때 당신은 사업에 대한 이해가 올 것이다. 그때에야 비로소 진정한 사업가가 되는 것이다. 세계 최고의 기업인 '아마존', '월마트', '월트 디즈니', '알리바바'의 사례를 보자.

'아마존'은 세계 최대의 인터넷 쇼핑몰이다. 아마존은 온·오프라인에서 전문서적을 파는 것으로 시작했다. 현존하는 모든 전문서적을 인터넷 전자상거래로 판매한다는 것은 대형 서점과 동네 서점에서는 따라올 수 없는 경쟁력을 갖추는 일이었다. 전문서적을 구매하는 고객으로 한정하고 범위를 줄여서 시작했다. 고객의 수요를 파악한 아마존은 어떻게 해야 성공할 수 있는지 학습해 가면서 성공의 법칙을 확장해갔다. 그 결과, 아마존은 오늘날 세계 최고의 인터넷 쇼핑몰로 성장할 수 있었다.

'월마트'를 보자. 월마트는 경쟁자들을 피해 인구 5,000명에서 2만 5,000명의 소규모 도시를 중심으로 매장을 만들어 사업을 확대해 나갔다. 범위를 한정했고 고객을 줄여서 시작했다. 소규모 도시 매장에서는 매장 임대료, 인건비 그리고 유지비용을 줄일 수 있었다. 진열상품을 다양화했고 싼 가격의 제품 판매가 가능하게 했다. 고객들이 무엇을 원하는지 알았기 때문이었다. 월마트는 알고 있었다. 생활용품점이 가진 특성은 백화점처럼 고객에게 서비스를 제공하고 고객을 만족시키는 점에 있지 않다는 사실을 말이다. 많은 제품을 진열하고 경쟁자들이 따라올 수 없는 싼 가격에 승부를 건 것이다. 고객의 수요를 파악해서 충성고객을 만들었고 그 결과 입소문이 났다. 그때 당시 중대형 도시에 있었던 대형 마트는 자신들이 무엇을 잘못했는지도 모른 채 월마트에 시장 점유율을 내주었다. 그리고 월마트는 세계적인 기업이 되었다.

'월트 디즈니'를 보자. 디즈니는 어린이들에게 꿈과 환상, 모험심을 심어주기 위해 애니메이션으로 사업을 시작했다. '피노키오', '잠자는 숲속의 공주', '미녀와 야수', '라이온 킹', '피터 팬', '백설 공주와 일곱 난쟁이', '노틀담의 곱추', '뮬란', '정글북', '인어공주', '알라딘', '신데렐라', '겨울왕국' 등 수많은 작품을 보라. 어린이들에 초점을 맞췄다. 모든 연령대의 고객을 상대로 하지 않았다. 내용도 한정했다. 어린이에게 꿈과 희망을 주는 내용이었다. 보라. 범위를 좁히고 고객을 한정했더니 사업이 어려워졌는가? 아니다. 오히려 성공했다. 이처럼 선택과 집중의 효과는 크다.

'알리바바'는 중국기업이다. 괴짜라 불리는 마윈은 '하이보'라는 영어번역회사를 통해 출판업으로 첫 사업을 시작했다. 자신이 가장 잘하는 것이 영어였다. 영어 번역 시장은 어려웠고 힘들었지만 어려운 시장에서 몇 년이 지나 수익이 났다. 그러던 중 인터넷을 접하고 인터넷 사업을 시작하게 되었다. 인터넷 사업은 순탄하지 않았지만, 이번에도 기업만을 상대로 홈페이지 제작사업에 뛰어들었다. 기업 고객들에게 홈페이지 제작의 필요성을 말하고 인터넷 시대가 도래하고 있으며 앞으로 사업을 하려면 홈페이지 제작이 필수가 될 것이라고 설득해 나갔다. 고객을 한정하고 범위를 줄였다. 그 결과, 알리바바는 오늘날 중국 최고의 기업이 되었다.

자, 이런 사례들을 들으니 어떠한가. 당신의 두려움은 근거가 없는 것으로 밝혀졌다. 이제는 두려움을 극복하고 실천해야 한다. 범위를 좁히는 것이 당신을 살리는 길이다. 단지 얼마나 좁히는가의 문제다. 범위를 너무 좁혔을 때 당신은 어려워질 수 있다. 그러나 좁히고 줄여야 하는 것은 맞다. 분야를 좁혔을 때 충성고객을 완벽하게 확보할 수 있다. 이제부터 당신의 진정한 사업적 이해가 시작된 것이다. 고객에게 어떻게 해야 만족하는지, 무엇을 제공해 줘야 하는지, 어떻게 대해야 하는지를 알게 되면 수많은 사업적 어려움을 해결할 무기를 가지게 된다. 당신의 경쟁자들을 물리칠 수 있는 무기는 절대적인 힘을 발휘한다. 수많은 경쟁자가 존재한다. 시장은 갈수록 어려워지고 있다. 어쩌면 없어질 직업이 될 수도 있다. 당신의 경쟁력을 키우는 방법은 간단하다. 줄이고 좁혀서 고객의 진정한 수요를 파악하여야 한다. 어렵고 힘들어진 현실을 직시하자. 잘 알지 못했을 때는 두려웠다. 두려웠기 때문에 당신은 방법을 찾았다. 두려움도 당신에게는 축복이 될 것이다.

개업 장소는
중요하지 않다

사무실의 위치

　법무사 개업을 위해서는 사무실을 열어야 한다. 첫 근무의 시작을 알리는 장소이다. 어디에 오픈해야 할까. "법원 앞에 개업 장소를 정하면 좋지 않을까?"라고 생각할 수도 있다. 하지만 마음에 드는 곳은 월세가 비싸다. 당신은 이런저런 고민을 하며 부동산에 문의해 보기도 할 것이다. 하지만 이런 고민과는 달리 개업 장소는 사업의 성공에 그다지 영향을 미치지 못한다고 한다. 별다른 상관관계가 없다는 소리다. 그래도 좋은 위치를 선점하면 안 좋은 위치보다는 나을지도 모른다는 생각에 당신은 고민이 많다. 좋은 현상이다. 이제 사업적 고민을 시작하게 되었다. 당신은 사업가로서 성공을 위한 출발선에 서있는 것이다. 어떤 결정이 맞는가. 그건 자신이 판단해야 할 문제이다. 당신은 경험을 통해 보고 느끼고 행동한다. 그리고 결정해야 하는 단계에 와있다.

이제 당신은 성공을 예감하고 있다. 4천5백 송이 포도나무 플랜이 있기 때문이다. 이제 당신은 사업 성공을 위한 열정과 냉철함까지 알고 있다. 당신은 개업 장소를 정하기에 앞서 플랜을 정리해 보아야 한다. 사업이 장기적으로 성공하기 위해서는 고객의 수가 늘고, 현금 흐름이 꾸준해야 한다. 또한 항상 경쟁자를 물리칠 수 있는 경쟁력을 가지고 있어야 한다. 어느 순간 번뜩하는 아이디어로 모든 것을 해결할 수 없다는 것도 안다. 하루하루 무엇을 해야 하는지 머릿속 생각이 정리되어 있어야 한다. 물을 거슬러 오르는 연어들처럼 뛰어 오르지 않으면 뒤로 밀려날 수밖에 없다.

고객과 오랜 시간 동안 관계를 지속할 수 있어야 한다. 그러기 위해선 무엇을 해야 하는가? 개업 장소를 정하는데 월세를 절약하면서 고객이 감동할 수 있는 최적의 장소는 어디인가? 이런 질문들에 자신 있게 '그렇다'라고 답할 수 있는가? 다음과 같은 질문들에 체크해 보자.

- 당신이 생각하고 있는 개업 장소가 친구 같고 연인 같은 고객이 찾아오기에 적합한 곳인가?
- 최적의 장소라고 생각된다면 그곳이 아닌 다른 곳에서는 고객에게 감동을 주고 고민을 해결할 수 없다는 말인가?
- 그곳이 과연 고객의 반응을 쉽게 파악할 수 있는 장소인가?

- 고객이 서비스에 만족하고 당신을 이해하고 공감할 수 있는 장소인가?

- 개업 장소가 당신을 구원하지 못한다는 것을 알고 있다. 열정이 모든 것을 해결하지 못하는 것도 알고 있다. 고객을 위해 해야 할 일이 무엇이고 다가가기 위한 최선의 장소를 알고 있는가?

- 당신의 사업은 한순간 로또처럼 한 방에 터지는 사업이 아니다. 고객들과 꾸준하게 관계를 유지하고 함께 가는 동반자 관계이다. 고객들은 당신이 융통성을 발휘하고 문제점을 해결해주는 능력과 자질이 있다고 생각하고 있는가?

- 당신은 그들에게 도움을 주고 행복을 줄 수 있는가? 그들이 모여있는 곳을 알고 있는가?

이 질문에 '그렇다'라고 답할 수 있는가? 그렇다면 축하한다. 당신은 준비가 되어있는 것이다.

하지만 위치보다 더 중요한 것이 무엇인지 당신은 알고 있다. 그건 바로 4천5백 송이 플랜의 실천 여부이다. 사무실의 위치는 사업의 흥패를 좌우할 수 없지만, 플랜의 실천 여부는 흥패를 좌우한다. 사실 인적이 드문 곳에 개업 장소를 정해도 당신은 망하지 않는다. 당신의 플랜이 당신을 구원해 주기 때문이다.

사무실의 위치가 아무리 외진 곳이더라도 일단 입소문이 나기 시작하면 고객들은 거리를 마다않고 찾아올 것이다. 설령 사무실에 들어오는 문이 철문으로 되어 있고 잘 열리지 않아도 화내지 않을 것이다. 간판을 달지 않아도 찾아오게 되어있다. 어떻게든 당신을 찾아낼 것이다. 당신은 전문가이기 때문이다. 그것도 모든 것을 할 수 있다고 허풍을 떠는 가짜 전문가가 아니다. 잘하고 자신에게 맞는 분야의 전문가가 되어있다. 아직 아니라고 하더라도 하나를 파고들면 쉽게 전문가가 된다.

이제 시작이다. 고객을 위해 최선을 다해야 하는 것도 안다. 개업 장소를 인적이 드문 곳에 열어도 두렵지 않다. 당신의 4천5백 송이 플랜이 오랜 기간 당신을 구원해 줄 것이다.

충성고객의
마음을 사로잡아라

고객의 마음을 사로잡아라

이제 당신은 저렴한 월세방을 구했다. 경비를 절약했고 개업 장소를 정했다. '고객이 한 명도 오지 않으면 어떡하지' 하고 당신은 걱정한다. 이제 당신의 실력을 발휘할 때가 된 것이다. 당신의 사무실 위치는 사람들의 유동인구가 그리 많은 곳이 아니다. 월세가 비싼 곳도, 고객이 많이 모여있는 곳도 아니다. 당신에게 필요한 소수가 모여있는 곳이다. 작은 동네라서 더 좋다.

당신은 전문분야를 정했다. 당신의 전문분야를 필요로 하는 고객이 모여있는 곳이면 된다. 월세가 저렴하고 눈에 잘 띄지 않는 곳에서 당신과 함께할 고객의 마음을 얻어야 한다. 고객의 마음을 헤아려 충성고객으로 만들어야 한다. 그 고객과 만남을 통해 사업 확장

의 기회를 노려야 한다. 모든 분야에서 많은 사람의 마음을 얻는 것
보다 좁은 분야에서 소수 사람의 마음을 얻어야 한다. 좁은 것과 적
은 것에 집중했을 때 당신은 힘과 경쟁력이 생긴다. 고객들이 모여
있는 곳에서 그들의 고충과 고민을 들어주고 해결해 줘야 한다. 그
들과 같은 생각을 하고, 그들의 편에 서서, 그들을 위해 해줄 수 있
는 게 무엇인지 고민해야 한다. 고객이 특정 소수이기 때문에 가능
한 것이다. 당신의 꿈은 크다. 업계의 선두주자가 되고자 한다. 치밀
한 전략으로 좁고 적은 것에 집중해야 한다. 선택과 집중을 통해서
몰입하고 방법을 찾아 나서라.

관계의 신뢰를 쌓아라

노르웨이 어부가 있었다. 어부에겐 한 가지 고민이 있었다. 그건
바로 정어리를 운반하는 방법이었다. '정어리를 살아있는 상태로 운
반하는 방법은 없을까?' 하고 고민한 것이다. 싱싱한 정어리를 판매
하면 그만큼 훨씬 비싸게 팔 수 있었기 때문이다. 고객에게 신선한
정어리를 납품할 수 있다면 얼마나 좋을까, 하고 그는 고민했다. 고
민의 해결 방법은 정어리의 천적인 메기를 유통상자에 풀어놓는 것
이었다. 메기를 피해 살아남기 위해 정어리는 운반 창고 안에서 메기
에게서 도망 다녀야 했다. 그 결과 정어리는 긴 운반과정에서도 살
아남을 수 있었다. 몰입하고 방법을 찾아 나서면 해결방법은 있다.

사업을 하기 위해서 겨냥하는 고객의 범위를 좁혀야 한다. 상식에 반하고 무모하다는 생각들이 당신에게 필요하다. 이제껏 남들이 시도하지 않았던 방법에 도전하는 용기를 가져야 한다. 당신은 이제 무엇보다 충성고객을 확보하는 방법을 알았고 업계의 경쟁력을 확보했다.

고객의 마음을 사로잡는 방법은 선택과 집중이다. 충성고객은 당신에게 모든 것을 요구하지 않는다. 당신의 응원자요 동반자이기 때문이다. 당신의 전문화된 업무영역에 만족감을 표시하고 앞으로 계속 잘되길 바랄 것이다. 모든 것을 다 잘한다고 했을 때보다 범위를 좁히고 줄였을 때 당신에게 신뢰를 보인다. 당신이 무엇을 잘하는지 고객들도 안다. 때문에 거기에서 오는 신뢰감은 두텁고 오래갈 것이다.

여기서 잠시 당신의 고객을 떠올려 보자. 그들의 모습은 어떤 모습인가? 그들에게 전화가 걸려오면 당신은 언제든지 달려갈 준비가 되어있다. 그들은 당신이 청구하는 수수료에 할인을 요구하지 않으며 더 많은 것을 주지 못해 아쉬워하고 미안해한다. 신뢰를 주고받은 두 사람은 어느덧 서로 고마워하는 사이가 된 것이다. 그 결과 당신은 일하는 것이 즐거워진다. 당신은 사업이 마치 놀이처럼 여겨진다. 편안하고 일같이 느껴지지 않는다. 그들과 한편이 되어 자주 모이고 같은 생각을 공유하며 서로의 성공을 응원하게 된다.

이제부터는 모든 고객을 위해 최선을 다하려고 당신의 소중한 시간을 낭비하지 말아야 한다. 시간을 보다 효율적으로 사용해야 한다. 당신은 충성고객을 위해 더 많은 시간을 활용해야 한다. 많은 사람을 고객으로 확보하려고 하지 않아야 한다. 기존에 있는 훌륭한 고객에게 더 많은 시간을 할애하라. 그리고 그들과 함께 즐거운 인생을 즐겨라. 행복을 추구하고 여행을 함께해라. 삶의 가치를 공유하라. 거래만을 위한 관계가 아닌 인생의 동반자요 협력자로 만들어라.

당신은 이제 충성고객을 어떻게 만들고 어떻게 유지하는지 방법을 터득했다. 이제는 사업적 이해를 토대로 당신이 해야 할 일들은 정해졌다. 이제부터는 사업이 정말 쉬워진다. 무엇이 중요한지 무엇을 어떻게 해야 하는지 알게 되었다. 핵심을 파악한 것이다. 그리고 그것을 사업 확장의 기회로 활용하면 된다. 시스템을 만들고 그것을 복제하면 된다. 무모한 사업 확장은 위험을 초래할 수 있지만, 당신은 무모하지 않다. 확신을 지니고 있기 때문이다.

성장하지 않으면 도태되고 경쟁에서 밀려난다고 한다. 그렇다고 무턱대고 성장만을 외쳐야 하는 것도 아니다. 그 성장에는 사업적 이해가 전제되어 있어야 한다. 자신이 무엇을 잘하는지 어떤 분야의 전문가인지를 알았다. 그리고 때가 되었다. 확신이 있다. 성장을 위해 투자를 해야 할 때다. 이제는 영역을 확대해 나가라. 당신은 두렵지 않다. 고객의 마음을 사로잡는 방법을 알고 있기 때문이다. 앞으로 나아가면 된다. 사업을 시작하자.

성장하려면
돈을 아껴야 한다

돈은 사업의 중요요소다

회사를 다닐 때는 어떠했는가. 매달마다 월급을 받을 수 있었다. 이제까지 직장에서 봉급을 받는 것을 당연하게 생각했고 받지 못할 걱정은 하지 않았다. 돈의 운용에 초점이 맞추어져 투자를 잘하면 추가로 더 벌 수도 있었다. 저축을 통해 목돈을 마련할 수 있었다. 하지만 이제는 상황이 달라졌다.

사업을 시작한 순간 매달마다 자동 입금되는 돈이란 없다. 안 쓰고 절약한다고 해서 돈이 모아지는 것은 아니다. 이제 막 출발한 KTX가 쉬지 않고 달려야 하는 것처럼 돈 쓰는 것을 멈출 수는 없는 일이다. 다음 역에 잠시 쉬었다 가더라도 목적지까지 다시 달려야 한다. 많은 돈을 소비하고 연료를 태우며 달려야 한다. 달리는 기차의 주인은 당신이다. 당신도 기차에 몸을 실었다. 고객을 확보하지 않으면 당신 돈은 사라진다. 사업을 접지 않는 한 계속해서 달려야 하고 더 많이 벌어야 살아남을 수 있다. 개업 장소를 정하는 것도 신중해야 한다. 되돌리려면 많은 힘과 비용이 든다. 달리는 기차에서 내릴 수는 없다. 그대로 달리지 않으면 돈은 계속해서 사라질 것이다.

법무사 개업을 할 때도 많은 일을 해야 한다. 계약을 체결해야 하고, 사무용품을 들여놓아야 하고, 인테리어 공사도 시작해야 한다. 사무실의 소유자가 되든지 임차인이 되든지 당신은 자유다. 그러나 한번 결정하고 나면 되돌리기가 어렵다. 당신의 돈이 줄어들기 때문이다. 직원을 뽑고 봉급을 지급해야 하며 가구도 들여야 한다. 계속해서 돈이 들어간다. 이제껏 해왔던 사고방식의 틀이 변해야 하는 시점이 된 것이다.

돈을 절약하라

당신은 돈을 절약해야 한다. 평생 써야 할 돈을 가지고 있다면 이 책을 읽을 필요도 없을 것이다. 당신은 사업을 처음 시작하는 사람이다. 첫걸음을 시작하는 아이가 달릴 수는 없다. 근육을 단련시키고 키워야 걸음마 단계를 벗어나 걷고 뛰는 단계로 성장하게 된다. 엄마의 등과 유모차에만 의지한다면 다음 단계로 도약할 수 없다.

돈을 쉽게 벌 수 있다고 착각한다. 그러나 당신은 멀리 가야 하고 오래 가야 한다. 그기 위해서는 근육을 단련시키고 뛰는 연습이 필요하다. 다른 사람에게 모든 것을 맡긴다면 유모차 안에 갇히고 성장이 힘들어진다. 처음 시작은 어렵다. 시간도 필요하다. 근육이 단련될 때까지 기다려야 하고 절약하는 습관을 길러야 한다. 개업 장소를 정하는 것에도 신중해야 한다. 화려하기보다는 검소하게 시작해야 오래갈 수 있다. 사무실 가구가 중고 제품이라도 당신을 비난할 사람은 없다. 열심히 하고 노력하는 사람으로 평가받기 때문이다.

당신 사업이 성장한다면 많은 돈을 가져갈 것이다. 성장하고 있었을 때 모든 비용 지출을 미래 수익에 맞춰서 늘려야 한다고 생각한다. 그러나 성장에는 한계가 있다. 매출이 유지되고 있지만 성장하지 않는다면 당신이 가져가는 돈은 줄어들 수밖에 없다. 열심히 하고 노력한 결과 사업이 잘나가더라도 절약하는 습관은 계속되어야 한다. 비용을 절약하기 위해 했던 행동들은 돈을 아끼는 차원을 벗어나 다른 차원의 혁신을 가져올 수도 있다. 교통비를 아끼기 위해 전자신청을 늘려야 하고, 시간당 인건비를 절약하기 위해 시스템 구축에 힘써야 한다. 작은 것 하나가 큰 것으로 돌아온다. 절약하는 습관이 없으면 당신의 수익은 자연스레 줄어들 것이다.

성장은 곧 생존이다

수입이 줄어들고 있다면 당신은 생존을 위해 고민한다. 성장은 곧 생존이다. 살아남으려면 성장해야 한다. 더 많은 고객을 확보하기 위해 비용 지출을 늘려야 한다. 당신은 많은 고객을 확보하기 위해 더 많은 돈을 필요로 한다. 더 열심히 노력하는 수밖엔 없었다. 그 결과 드디어 성장까지는 아니지만, 꾸준한 매출을 유지할 수는 있었다. 이제는 생존을 걱정할 정도는 아니다. 그런데 비용이 늘어난 만큼 수익은 더 줄어들었고 상황은 더 안 좋아졌다. 잘못된 믿음에는 잘못된 결정이 뒤따른다. 성장하기 위해 무조건 비용을 늘려야 한다고 생각한 기업들이 어떻게 무너지고 힘들어했는가. 수많은 사례가 있다. 매출이 계속해서 늘었는데 수익이 줄어든 회사도 있다. 이해할 수 없는 기업이 얼마나 많은가? 실제로 무수히 많다. 내가 투자했던 '로만손'이란 기업도 예외는 아니다. 시계에서 주얼리 회사로 변신에 성공했고 더 큰 성장을 위해 가방산업에 진출했다. 성장을 위해서는 더 많은 매장을 열어야 한다고 생각하면서 비용 지출을 정당화했다. 성장은 계속될 수 없다. 새로운 신사업을 위해 직원을 채용하고 시설투자를 늘리는 것은 성장을 위해 필요한 일이다. 그러나 신사업은 모든 사람이 뛰어든 정글과도 같다. 점점 먹을 것은 줄어들고 생존은 힘들어진다. 그때부터 사업은 어려워진다. 뛰어든 시장이 성장하고 있지만, 경쟁이 치열해 돈이 되지 않는다. 이제는 경쟁자가 너무 많아졌고 수익은 사라져 버렸다. 소비자의 마음도 쉽게 변한다. 유행도 쉽게 바뀐다. 언제 사양산업이 될지 모른다. 성장이 멈추었을 때 채용한 많은 직원은 어떻게 할 것인가? 비용은 계속되고 당신의 사업은 힘들어진다. 무엇이 잘못되었는지도 모른 채 하늘을 원망하며 보내는 사업가들이 얼마나 많은가. 적은 돈을 아끼고 이유도 모르는 지출에 대해서 '아니오'라고 해야 한다. 비용을 줄이고 작은 것에 집중했을 때 당신은 경쟁력이 생긴다. 그때 성장을 외쳐도 늦지 않다.

불경기가
개업 찬스다

잘못된 신념을 경계하라

사업을 위해 당신은 많은 일을 벌인다. 경기가 좋은 때를 보자. 사업을 확장하고 투자를 늘린다. 사람을 채용했지만, 더 많은 사람이 필요하다고 느낀다. 매출이 늘어나면 시장 점유율이 높아지고, 경쟁자를 쉽게 제압할 수 있으며, 많은 것을 해결할 수 있다고 생각한다. 성장을 유지하기 위해 매출을 늘려야 한다는 생각에는 변함이 없다. 그러나 어느 날 불경기가 찾아온다. 당신이 가진 생각과 신념은 이제 통하지 않을지도 모른다. 경기가 언젠가 좋아질 것이기 때문에 늘어난 직원의 수는 줄일 수 없고 매출을 유지하기 위한 비용 지출은 계속된다. 현 상황을 유지하고자 한다. 점유율이 높아졌기 때문에 경기가 어려워지면 자신은 늦게까지 살아남을 수 있다고 생

각한다. 경기가 좋아졌을 때 살아남은 업체가 더 큰 점유율을 얻게
되고 당신의 경쟁자는 당신을 따라올 수 없다고 생각한다. 하지만
이러한 믿음의 근거는 어디서 찾을 수 있는가. 이것은 어쩌면 잘못
된 신념일 수도 있다.

　잘못된 신념의 결과 큰 손실을 초래할 수도 있다. 당신을 구원해
줄 방망이는 무엇인가. 그것은 대단한 규모의 경제가 아니다. 당신
의 경쟁자가 사라진다고 해서 당신이 그 회사의 점유율까지 가져올
수는 없다. 소비자는 현명하다. 당신이 크고 힘이 세다고 해서 알아
주지 않는다. 고객을 만족시키는 방법을 알고 있어야만 살아남을 수
있는 것이다. 당신의 경쟁력은 규모의 경제도 아니고 시장 점유율도
아니다. 당신의 경쟁력은 세분화이고 전문화하는 능력이다. 고객들
의 충성도가 당신의 경쟁력이다. 고객은 돈으로 연결된 관계가 아닌
그 이상의 무엇으로 연결된 관계이다. 불경기에 많은 경쟁업체가 사
라진다. 그리고 힘들어한다. 기존 경쟁업체도 어렵고 힘들다. 신생
업체가 사업을 시작한다면 더 어렵다고 할 것이다.

모든 것을 잘하려는 생각을 버려야 한다

　유능한 뱃사공은 파도를 이용할 줄 안다고 하지 않던가. 경기가
어려울 때 사업을 시작할 줄도 알아야 한다. 고객을 확보하기가 어
려울 때 당신은 좁은 부분에 집중해야 한다. 어렵고 힘든 고객을 만

족시키기 위해서다. 모든 것이 아닌 당신이 잘하는 것에 더 집중해야 한다. 학교에서 공부를 잘하는 방법은 부족한 부분을 더 열심히 하는 것이었다. 모든 것을 잘해야 최고가 될 수 있었다. 그러나 당신은 사업을 하려고 한다. 모든 것을 잘하려는 생각은 버려야 한다. 당신이 잘하는 작은 부분에 대해 더 잘하려고 노력해야 한다. 충성고객을 확보하는 것도 작은 것에 초점을 맞춰야 한다. 어렵고 척박한 땅에서 농작물을 재배하다 보면 작물이 어떤 원리로 자라는지 더 많이 알게 된다. 재배에 성공하려면 물의 양을 얼마나 주어야 하고, 바람은 얼마나 불어야 좋은지, 비료와 농약은 어떤 타이밍에 주어야 하는지 알게 된다. 부족과 결핍은 당신을 더 빠르게 전문가로 만들어 준다. 세분화와 전문화는 좁히고 줄였을 때 이루어지는 것이다. 어려운 시기일수록 전문화가 필요하다.

사업을 시작하기 전까지 당신은 막연히 다짐했을 것이다. 분야를 가리지 않고 모든 것을 다 하겠다고 말이다. 하지만 경쟁자들의 룰 속에서 당신은 그들을 이길 수 없다. 게임의 규칙을 벗어나야 한다. 그들의 룰 속에서 벗어나야 그들을 물리칠 수 있다. 경기가 어렵고 힘들수록 당신은 그들의 틀을 벗어나 다른 생각을 하고 있어야 한다. 그들의 틀에서 벗어나면 경쟁자들도 더 이상 당신을 경계하지 않을 것이다. 그저 이상한 사람으로 생각하고 존재감 없는 사람으로 생각한다. 불황이 찾아오는 기회를 살려야 한다. 경기가 좋고 편안하다면 당신은 혁신적인 생각을 하지 않을 것이다. 그러나 항상 경기가 좋을 수는 없다. 날씨가 좋을 때 우산을 준비해 놓아야 한다.

그저 남들이 하는 대로 따라 한다면 발전은 없을 것이다.

이제부터 시작이다. 어렵게 찾아온 기회를 어떻게 받아들일지는 당신의 몫이다. 4천5백 송이 포도나무 플랜으로 시작해야 한다. 모든 포도나무를 재배하려고 하지 말아야 한다. 한 나무에서 4천5백 송이가 열리는 것처럼 범위를 줄이고 좁혀라. 세분화, 전문화해야 한다. 한 가지에 초점을 맞추고 포도가 열리는 그날까지 계속 나아가면 된다. 모든 것을 다 하려고 하지 말고 잘할 수 있는 것에 집중해야 한다. 포도나무를 심어서 포도나무에 4천5백 송이가 열릴 그날까지 계속 정진해라.

에필로그

어느새 이렇게 마지막 장을 쓰고 있는 걸 보니 그저 놀랍기만 하다. 사실 글을 쓰기 전엔 망설였다. 그동안 글을 써본 경험이 얼마나 되던가 하고 지난 인생을 반추했다. 제대로 된 글을 써본 경험이라곤 초등학교 방학 숙제로 이틀 만에 썼던 일기가 전부였다. 그러니 글쓰기 실력이 그리 자랑할 만한 수준이 못 된다고 지레 겁을 먹었던 것이다. 하지만 그것은 기우였다. 막상 글을 쓰려고 책상 앞에 앉으니 써지긴 써지는 것이었다. 신기할 따름이었다. 절박함이 낳은 결과였다. 덕분에 나는 약간의 자신감도 생겼다.

첫 장을 써 내려갈 수 있으면 마지막 장도 쓸 수 있다. 무슨 일이든 간에 우선 부딪혀 봐야 한다. 가능성의 첫 번째 관문은 첫 장을 써 내려가는 일이다. 첫 장을 쓰면 그다음부턴 어떻게든 써진다. 자신을 믿어야 한다. 그리고 이후엔 계속해서 써 내려가면 된다. 힘들면 잠시 멈추고 쉬었다가 가면 된다. 포기하면 그것으로 끝이다. 포기하지 않고 끝까지 해내는 힘이 나의 능력을 길러줄 것이다.

이것이 가능성을 여는 믿음의 힘이다. 불가능할 것 같던 일들을 가능케 하는 힘은 노력이다. '내가 할 수 있을까?'라고 의심했던 일들도 방법을 찾고 노력하면 현실화된다. 내 생각은 더 굳건해졌다. 가능성을 여는 믿음을 가지고 시작해야 가능하다. 나는 플랜이 준비돼 있고 어떻게 가야 할지도 정해져 있다. 목표물과 방향성 모두 뚜렷한 것이다. 이제 나는 스스로를 의심하지 않는다. 확신으로 차있다.

물론 불확실한 미래를 생각하면 두려울 것이다. 하지만 용기를 내야 한다. 첫걸음을 떼고 앞으로 나아가야 한다. 첫걸음이 두려움을 없애줄 것이다. 이제껏 한 번도 해보지 않았지만, 첫 시작이기 때문에 더 설렌다. 그리고 나를 뛰게 한다. 단조롭고 평온한 삶이 아닌 흥미롭고 재미있는 삶이다. 한 발 한 발 내딛다 보면 놀라운 경험을 하게 되고 능력이 생긴다. 처음의 불안과 걱정은 사라진다. 시작은 능력이 되고 능력은 다시 변화를 거둔다. 변화는 성공을 가져올 것이다.

현재 나를 응원해 주는 사람은 많다. 누나들은 처음에 나의 사업 시작을 무조건 반대했었다. 그러나 지금은 나를 믿고 응원하는 지원자가 되어있다. 감사한 일이다. 언제나 실천이 중요하다. 어떤 계획이 단순히 생각에서 그쳐선 안 된다. 행동으로 이어져야 한다. 당신

내부에 잠재되어 있는 능력을 이끌어내야 한다.

나는 그간 효율성에 관한 얘기를 했다. 그리고 고객을 줄이고 업무를 전문화해야 한다고 했다. 시작하고 행동하려면 '왜' 그래야 하는지 이해하고 있어야 한다. 아침부터 저녁까지 열심히 일하고도 직원보다 더 적게 가져가면 안 된다. 4천5백 송이 포도나무 플랜으로 시작해야 한다. 아직도 많은 게 좋은 것이고 모든 것을 다 할 수 있다고 말한다면 당신의 사업은 갇힐 확률이 높다. 상식에 반하는 결정을 내려야 한다. 자! 이제 시작이다.

성공이라는 열매를 수확하기 위한 창업의 길,
예비창업자 분들의 미래에
밝은 에너지가 깃들기를 진심으로 기원합니다

권선복
도서출판 행복에너지 대표이사

오늘날은 백세시대입니다. 백 세까지 살아갈 일을 생각하면 그만큼 까마득한 마음이 되곤 합니다. 정년퇴직 후 여생을 어떻게 보내면 좋을지 막연하기 때문입니다. 이런 막연함을 돌파하고자 많은 분들이 창업전선에 뛰어들곤 합니다. 하지만 호기롭게 다졌던 마음과는 달리 막상 출발선 앞에 서면 금세 막막해지곤 하지요. 이병은 저자의 『창업, 포도나무 플랜』은 그런 분들을 위해 씌어졌습니다.

이 책의 1쇄를 발간했던 때는 2019년입니다. 그로부터 2년이 지난 지금, 2021년이 되었습니다. '포도나무 법무사'가 개업을 한 지 2년이 다 되어가는 해입니다. 2년여 동안 많은 일들이 있었습니다. 팬데믹 사태에 좌절하지 않기 위해 '포도나무 법무사'는 광고활동에 매진해 왔습니다. 그 결과 화제의 법무사에 선정되어 인터뷰를 하고, 강의를 펼치고, 신문칼럼을 쓰는 등 활발한 활동을 펼쳐왔습니다. 2년여 동안 '포도나무 법무사'는 많은 성장을 이루었습니다. 코로나시국에도 말입니다. 지면을 통해서 다시 한 번 이병은 저자에게 축하의 인사를 건넵니다.

통계청 자료에 따르면 창업자의 생존률은 그리 높지 않다고 합니다. 창업을 하는 데에도 그만큼 어려움이 따른다는 얘기겠지요. 책의 저자인 이병은 님은 이러한 어려움을 누구보다 잘 알고 있습니다. 그 역시 법무사 개업을 준비하는 창업자이기 때문입니다. 예비 창업자로서의 고충과 어려움을 통해 깨달은 바를 한 권의 책에 담았습니다. 그가 책에서 강조하는 메시지 하나를 고르라고 한다면 바로 '자신만의 전문분야를 파고들자'는 것입니다. 넓고 얕게 가기보다는 좁고 깊게 가라고 합니다. 가장 자신 있는 분야 하나를 공략해서 그것을 자신의 창업분야로 삼으라는 말이죠. 이런 이야기를 하면서 저자는 도덕현 농부를 언급합니다. 자신이 자신 있는 한 가지 분야에 집중해서 훌륭한 성과를 거두어낸 도덕현 농부의 이야기는 이 책이 전하고자 하는 메시지의 모범사례라고 볼 수 있습니다. 도덕현 농부가 포도나무의 접을 붙여 우수한 성과를 거둔 것과 마찬가지입니다. 창업을 한다는 건 다르게 말하자면 자신만의 브랜드를 만드는 일이라고도 볼 수 있습니다. 이제 갓 창업을 시작한 이들에게 이 책은 분명 도움이 될 것입니다.

경기불황과 함께 고용불안, 백세시대 등을 이유로 창업자들의 수가 늘어나고 있습니다. 창업을 준비하는 과정 중에 맞닥뜨리는 난관과 그에 따른 해답들을 이 책은 제시하고 있습니다. 『창업, 포도나무 플랜』이 예비창업자분들의 가려운 곳을 시원하게 긁어주리라 기대해봅니다. 여러분의 미래에 희망찬 에너지가 깃들기를 진심으로 기원합니다.

참고문헌

로버트 슬레터,『잭 웰치의 31가지 리더십 비밀』, 명진출판, 1994

프레드 드루카·존 P. 하이어스 저, 김봉래 역,『작게 시작하여 크게 성공하라』, 시대의창, 2000

오시타 에이지 저, 은영미 역,『나는 절대로 쓰러지지 않는다』, 나라원, 2002

손주은,『고3혁명』, 조선일보사, 2003

데일 카네기 저, 최염순 역,『카네기 행복론』, 씨앗을 뿌리는 사람, 2007

차기현,『이랜드 2평의 성공신화』, 이너북, 2008

앤드류 킬패트릭 저, 안진환·김기준 역,『워렌 버핏 평전1,2』, 월북, 2008

라라 호프만스·켄 피셔·제니퍼 추 저, 우승택 역,『3개의 질문으로 주식시장을 이기다』, 비즈니스맵, 2008

재닛 로우 저, 조성숙 역,『찰리 멍거 자네가 옳아!』, 이콘, 2009

앨리스 슈뢰더 저, 이경식 역,『스노볼1,2』, 랜덤하우스코리아, 2009

이지성,『꿈꾸는 다락방』, 국일미디어, 2009

마이클 모, 이건 역,『내일의 스타벅스를 찾아라』, 다산북스, 2010

김승호,『김밥 파는 CEO』, 황금사자, 2010

시바 료타로 저, 박재희 역,『료마가 간다』, 동서문화사, 2011

월터 아이작슨 저, 안진환 역,『스티브 잡스』, 민음사, 2011

에이드리언 J. 슬라이 워츠키·칼 웨버 저, 유정식 역,『디맨드』, 다산북스, 2012

최경주,『코리안 탱크, 최경주』, 비전과리더십, 2012

조 지라드 저, 김명철 역,『누구에게나 최고의 하루가 있다』, 다산북스, 2012

게리 켈러·제이 파파산 저, 구세희 역,『원씽』, 비즈니스북스, 2013

마이크 미칼로위츠 저, 김태훈 역,『펌프킨 플랜』, 페퍼민트, 2013

마이크 미칼로위츠 저, 송재섭 역,『심플하게 스타트업』, 처음북스, 2014

이민규,『실행이 답이다』, 더난출판사, 2014

애슐리 반스 저, 안기순 역,『일론 머스크, 미래의 설계자』, 김영사, 2015

제임스 플린 저, 이금숙·조선희 역,『플린 이펙트』, 엠아이디, 2015

김순이,『음식보다 감동을 팔아라』, 행복에너지, 2016

벤저민 그레이엄 저, 김수진 역,『벤저민 그레이엄의 현명한 투자자』, 국일증권경제연구원, 2016

마이크 미칼로위츠 저, 윤동준 역,『수익 먼저 생각하라』, 더난출판사, 2017

우노 다카시 저, 김문정 역,『장사의 신』, 쌤앤파커스, 2018

에밀 쿠에 저, 김동기 역,『자기암시』, 하늘아래, 2018

테리 앱터 저, 최윤영 역,『나를 함부로 판단할 수 없다』, 다산초당, 2018

엔젤라 더크워스 저, 김미정 역,『그릿 GRIT』, 비즈니스북스, 2019

잡지 칼럼

'4,500송이 포도나무 플랜', 법무사로 성공하는 필수전략입니다

자신만의 법무사 사무소 창업전략, 책으로 펴낸 이병은 법무사

글·취재 / **조춘기** 법무사(경남회)·본지 편집위원

정보통신기술의 발전에 따라 산업의 중심이 제조업에서 서비스업으로 옮아가는 시대다. 이제는 어떤 사업이든 고객 중심 경영과 서비스 마인드 없이는 성공하기 어렵게 되었다. 법무사를 비롯한 법률전문자격사도 마찬가지다. 공공성을 가진 전문직이라 해도 개인사업자(또는 법인사업자)로서 고객(의뢰인)의 선택을 받기 위해 고객이 원하고 만족하는 법률서비스를 제공할 수 있어야 한다.

이런 시대에 성공적인 법무사가 되고자 한다면, △전문성, △비즈니스 마인드, △경영감각이라는 세 마리 토끼를 모두 잡을 수 있는 능력을 갖춰야 한다. 하지만 법원·검찰청 공무원을 퇴직하고 법무사가 되거나 아니면 오랜 시간 수험생이었다가 법무사가 되는 경우가 대부분인 현실에서 비즈니스와 경영에 대한 전문지식과 실력까지 겸비한 법무사가 되기란 쉽지 않은 일이다.

그러나 최근 풍부한 경제·경영 전문지식을 바탕으로 창업 관련 지침서를 발간해 화제가 되고 있는 법무사가 있다. 바로 『창업, 4천5백송이 포도나무 플랜으로 하라』의 저자 이병은 법무사(52·전라북도회)다. 지난 1월, 전북 전주에서 개업한 초보 법무사인 그는 오랫동안 관심을 가지고 꾸준히 공부해온 경제·경영 전문지식을 자신의 법무사 사무소 창업 스토리에 접목, 창업자를 위한 비즈니스 입문서를 발간했다.

20여 년을 법원 공무원으로서 법률 관련 업무에 종사해온 그가 어떤 계기로 경영 전문서적까지 집필하게 된 것일까. 특히 책의 제목인 '4천5백송이 포도나무 플랜'의 의미가 무엇인지도 궁금하다. 마음속에 그와 같은 여러 궁금증을 간직한 채 독특한 이력의 이 법무사를 만나기 위해 필자는 지난 2.11.(화), 경남 진해에서 전북 전주까지 한달음에 달려갔다.

재미로 시작한 주식투자 성공하며 경제·경영 분야 관심

"전북대학교 철학과를 졸업했어요. 집안에서 가장 공부를 잘했던 누님과 둘째 자형이 전북대 철학과 출신이어서 그 영향을 받았죠. 하지만 촉망받던 누님이 시위를 주도하다 휴학을 하고, 어수선해진 집안 환경 속에서 공무원이라는 현실적인 선택을 할 수밖에 없었어요. 그렇게 공직생활을 시작했습니다."

현실 때문에 전공과 상관없이 공직의 길을 걸었지만, 그에게 철학을

공부했던 대학 4년은 인생을 멀리 보고, 행복한 삶을 위해 어떻게 살아야 하는지를 성찰하며 인생관을 재조명해 보는 중요한 계기를 만들어준 시간이었다.

철학을 전공했다는 것에서 경영 분야에 관심을 가졌던 그의 독특함이 얼핏 이해가 되는 듯했다. 어쨌든 그는 공무원으로서 성실한 공직생활을 했다. 그러던 2002년경, 아주 우연한 기회에 주식투자를 하게 되면서 경제·경영 부문에 대한 관심도 시작되었다.

"처음에는 종잣돈 300만 원을 가지고 그냥 재미로 주식투자를 했어요. 그런데 운이 좋았는지 당시 매수한 엘지생명과학 등 관련 주식이 크게 올랐죠. 어떤 날은 하루에 10만 원을 벌 정도로 수익률이 높습니다. 그저 앉아서 주식매매를 했을 뿐인데, 막노동을 하는 분들의 수익을 생각해 보면 그렇게 많은 돈을 벌 수 있다는 것이 의아했죠."

그는 주식투자의 매력에 푹 빠졌다. 그리고 주식투자를 더 잘하기 위해 관련 책들을 탐독하기 시작했다.

그런데 시간이 갈수록 주식투자는 뒷전이고 책 읽는 일이 너무 즐거워졌다고 한다. 처음에는 주식투자 관련 책들을 섭렵했지만, 점점 그 기초가 되는 경제와 경영 분야의 책들로 독서 범위가 넓어졌고, 그렇게 5년간을 거의 책 속에 파묻혀 살았다.

"그때는 1년에 평균 100여 권씩은 읽었으니까요. 정말 많이 읽었죠. 그러다가 우연히 데일리 카네기의 『행복론』을 읽었는데 큰 자극을 받았습니다. 우리나라에 카네기 과정이 있다는 것을 알고는 직접 찾아가 등록을 했죠. 그렇게 카네기에 입문해 지금은 전북 카네기클럽 경제동아리(클릭 소사이어티)의 이

사업체를 4,500송이 포도나무처럼
크게 키워내기 위해서는 뿌리인
사업 분야가 특정되어야 하고,
줄기로서 자신에게 맞는 충성고객이
확보되어야 합니다.
그리고 뿌리에 줄기로 접을 붙여야
하듯이, 사업도 특정된 전문분야와
충성고객이 잘 연결된다면 성공할 수
있습니다.

장까지 맡고 있습니다."

　경제동아리 회원들은 대부분 현재 자신의 기업이나 사업체를 운영하는 CEO 회원들이다. 그는 이 동아리에서 1년간 주식강의를 하기도 했는데, 그의 엄청난 독서량에 감탄한 회원들의 요청에 의해 만들어진 강의였다.

　전북지역의 쟁쟁한 CEO들 사이에서 인정받는 주식강의를 했다니 그가 책을 통해 쌓은 전문지식이 어느 정도였는지를 가늠해 볼 수 있을 것이다.

창업 반대하는 가족 설득 위해 집필

　주식투자로부터 시작된 그의 관심은 경제·경영 분야로 넓어지고, 실제 그 분야의 CEO·전문가들과의 교류도 깊어지면서 그에게도 공무원이 아닌 사업가, CEO로서 현실에서 직접 공부한 지식들을 실현해보고자 하는 욕구가 생겼을 법하다. 실제로 그런 일이 일어났다.

　지난해 12.31. 법원 공무원으로서의 정년을 10년이나 앞두었음에도 그는 전주지방법원에 사직서를 내고 명예 퇴직했다. 개인사업자로서 법무사 사무소를 창업해 성공해 보겠다는 계획이었다.

　법조시장의 어려움이 가중되는 시기에 어떻게든 정년까지 버텨보겠다고 생각하는 동료들이 많았을 것 같은데, 과연 동료들은 10년이나 앞서 퇴직하는 그를 보고 용기 있다고 했을까, 아니면 무모하다고 했을까.

　"명퇴를 한다고 하니 다들 놀랐죠. 주변의 친했던 사람들은 더 놀랐고, 특히 아내와 누나들의 반대가 극심했어요. 가족들을 설득하는 과정이 정말 쉽지 않았습니다. 그래서 창업 관련 책을 집필해야겠다고 생각하게 되었어요. 한 권의 책이 백 번의 말보다 설득력이 있을 것 같았죠."

　그는 반대하는 가족들을 안심시키기 위해 사업계획서를 작성해 보여주자는 심정으로 책을 쓰기 시작했다. 그간 공부했던 경제·경영지식을 토대로 법무사 사무소 창업에 필요한 자세와 지식을 하나씩 정리해 성공의 길을 제시해 보여주겠다는 생각이었다.

　책이 완성되면 자신과 같이 법무사 사무소를 개업하고 싶은 동료들이나 일반 창업자들에게도 도움이 되겠다는 생각도 했다.

　퇴직에 대한 생각을 품고, 그렇게 집필 작업에 몰두하던 그에게 어느 날 모교인 전북대학교 경영대학원에 '창업경영학' 과정이 새로 생겼다는 소식이 들려왔다. 그는 곧 대학원에 등록했다.

　"대학원 공부를 하면서 더 세밀하고 깊이 있는 창업 관련 지식을 책에 담을 수 있었어요. 그리고 대학원 동료로 만난 많은 CEO분들의 생생한 조언도 큰 도움이 되었죠."

대학원 동료들은 현재 초보 법무사이자 CEO로 발을 내디딘 그에게 큰 힘이 되고 있다고 한다. '언니구두'라는 브랜드로 연 매출 100억 원대의 수익을 올리고 있는 20대 사업가 박세영 대표(주식회사 시스트에프엔씨)는 온라인 마케팅에 대한 여러 가지 조언을 해주고 있어 특히 더 고마운 사람이다.

여러 사람들의 도움과 조언 덕분에 명예퇴직 몇 년 전부터 구상하고 작업한 그의 책도 점차 완성되어 갔다. 그리고 마침내 책이 발간되던 때, 그는 과감히 사표를 던졌다. 반대하던 가족들도 창업에 대한 그의 도전과 열정에 두 손을 들고 말았다.

4,500송이 포도 열리게 한 농부의 전략은?

그런데 아직 그가 말하는 '4천5백 송이 포도나무 플랜'의 비밀이 풀리지 않았다. 농업서적도 아니고 창업 관련 도서에 뜬금없이 포도나무는 왜 등장하는 것일까.

"선택과 집중이라는 주제로 책을 쓰고 있을 때였어요. 우연히 TV에서 포도나무 1그루에 4,500송이의 포도가 열리게 한 농부의 이야기를 보게 되었죠. 고창 희성농장의 도덕현 농부였어요. 보통 포도나무 1그루에는 2,000~3,000송이 정도의 포도가 열리는데, 도 농부님은 선택과 집중의 재배기술을 통해 2배에 가까운 포도송이가 열리는 포도나무를 만들어낸 거예요."

이 법무사는 큰 감명을 받고 직접 농장을 찾아갔다. 그리고 도덕현 농부의 4,500송이 재배 농법을 그의 창업전략에 벤치마킹해 "창업, 4,500송이 포도나무 플랜"으로 재창조했다.

"포도나무 플랜은 창업뿐 아니라 어느 분야에 적용해도 보장되는 필승전략이라고 할 수 있습니다. 플랜대로 실천할 수 있느냐가 관건이지만, 플랜을 따른다면 성공할 수밖에 없는 전략이죠."

그의 책에 추천사를 쓴, 그 이름도 유명한 온라인교육기업 '메가스터디'의 손주은 대표도 "포도나무 전략이 낯설지 않다"며 자신도 포도나무 전략으로 성공했다고 말했다.

"포도나무 플랜에서 뿌리는 사업 분야, 줄기는 고객에 비유할 수 있습니다. 사업체를 4,500송이 포도나무처럼 크게 키워내기 위해서는 뿌리인 사업 분야가 특정되어야 하고, 줄기로서 자신에게 맞는 충성고객이 확보되어야 한다는 의미죠. 그리고 뿌리에 줄기로 접을 붙여야 하듯이, 사업도 특정된 전문분야와 충성고객이 잘 연결된다면 성공할 수 있습니다."

그의 포도나무 플랜은 한마디로 '선택과 집중의 전략'이라고 할 수 있다. 여러 가지를 다 잘하는 것보다는 자신에게 맞는 특정 전문분야를 선택해 집중하고, 두루뭉수리 고객서비스보다는 소수에게 집중된 서비스를 통해 충성고객들을 만드는 것이 성공의 지름길이라는 것이다.

"물론 초보 법무사로서 한 분의 고객이 아쉬운 상황에서 전문분야를 특정하고 소수의 충성고객을 확보하는 것이 현실과는 동떨어진 이야기라는 것을 잘 알고 있습니다.

하지만, 그 길이 성공의 길이니만큼 어렵더라도 방향성을 잃지 않고 저만의 전문분야를 찾아 파고들어가려고 합니다. 그리고 제 서비스에 만족하는 충성고객층을 만들어 흔들림 없는 사업의 토대를 만들어가야죠."

이병은 법무사가 안정적인 공직을 박차고 나온 이유는 자신이 이론을 현실에서 직접 구현해 보겠다는 실험정신이었다.

나침반 하나로 망망대해를 헤쳐 끝내 목적지에 상륙하는 개척자의 도전정신과도 같은 것이다.

부디 이병은 법무사의 '포도나무 플랜'이 척박한 업계 현실을 헤쳐 나가는 나침반이 되기를 바란다. 그리하여 마침내 '성공하는 법무사'라는 목적지에 도달하기를 진심으로 기원한다. 🌿

신문기사

새전북신문

생의 한가운데

내 사업, 좌충우돌 말고 파레토 법칙을 찾아보자

이병은   포도나무 법무사

직장인으로서의 혜택 빨리 잊어라.

직장인들은 누구나 예외 없이 퇴직하게 된다. 바야흐로 100세 시대이다. 50전후 직장인들 대다수가 제2의 시작을 준비하거나 고민 중에 있다. 인생의 새로운 시작은 분명 설레는 일이다. 그러나 가슴 뛰는 것도 잠시다. 확실한 창업비전과 마인드가 없다면 곧 두려운 생각이 앞선다. 직장인으로 있을 때는 필요한 모든 것들을 회사가 제공해 준다. 사회적 위치에서부터 가족 생계를 위한 급여까지 당연한 권리이기도 하다. 또 업무의 효율성을 높이기 위한 교육기회까지 제공받는다.

퇴직 이후에 내 사업을 한다면 어떻게 될까. 은퇴한 순간 항상 있었던 혜택이 사라진다. 이것이 얼마나 당혹스러운지 경험자는 어느 정도 공감할 것이다. 이제는 모든 것을 혼자 감당해야 한다. 사업을 시작한다는 것은 내 열매의 크기를 내가 결정하고 성과와 책임을 진다는 것이다. 당신은 모든 것이 낯설고 생소하게 느껴질 것이다. 회사에 있을 때 당신은 누군가의 직장 상사였거나 때론 부하 직원이었을 것이다. 당신은 그저 아랫직원에게 지시를 하거나 상사가 부탁한 것을 처리하기만 하면 되었다. 하지만 이제는 다르다.

사업장을 여는 순간부터 세금납부와 직원을 채용하는 방법도 알아야 한다. 복사지와 붙도 아껴야 한다. 심지어 화장실 청소를 직접 해야 할 수도 있다. 모든 경비가 자신의 호주머니에서 나가야하기 때문이다. 지

출은 바로 자신의 수익과 연결되기 때문에 신중해야 한다. 중요하게 여기지 않았던 잡다한 일도 배우고 익혀야 한다. 또 매출을 늘리려면 어떤 방법이 필요한지 판단하고 결정해야 한다. 시간이 지나면서 차츰 새로운 환경에 적응하게 되고 뭔가 좋은 수가 없을까하고 고민할 때가 찾아온다. 바로 지금이다. 1년 매출을 결산하고 새해 계획을 짤 때가 절호의 타이밍이다. 내 사업 매출에 기여도가 높은 요소는 무엇이며 어떻게 확대해 나갈까. 우수고객은 누굴까 궁금하다.

"직장인으로서의 혜택 빨리 잊어라 파레토 법칙을 활용하라"

파레토 법칙을 활용하라.

VIP 마케팅의 근거가 되는 '파레토 법칙'을 들어봤을 것이다. 파레토 법칙은 1800년대 후반에 이탈리아 부의 분배를 연구한 경제학자 빌프레도 파레토가 발견한 법칙이다. 그는 이탈리아 인구의 20%가 전체 부의 80%를 소유하고 있다는 것을 발견했다. 파레토 법칙을 80:20 법칙이라고도 한다. 이 법칙은 언제 어디서나 적용된다. 특히 백화점은 파레토 법칙을 활용해 영리하게 돈을 벌고 있다. 백화점은 다양한 부류의 고객들이 이용하는 곳이다. 하지만 그들 모두가 공평하게 매출을 올려주고 있지는 않다. 고객들의 매출 비율을 자세히 살펴보면 알

수 있다. 백화점 매출의 80%는 상위 20%의 고객에서 나온다. 그리고 백화점들이 상위 20% 고객들을 특별 관리하고 그들만을 위해 맞춤형 영업을 하는 이유를 쉽게 알 수 있다. 최고의 고객들에게는 주차 서비스는 기본이다. 그들만의 쇼핑공간을 제공해 주면서 당신은 우리 백화점의 최고의 고객이라는 사실을 노골적으로 밝히고 있다. 최상의 고객 소수에게 잘해야 전체 매출과 수익이 늘어난다는 사실을 잘 알고 있기 때문이다.

전체고객의 20%가 나머지 고객인 80%의 매출을 올려주고 있다면 그 고객은 앞으로도 계속해서 올려줄 가능성이 있다. 20%의 최우량 고객은 정해졌는가. 그들은 이제 당신과 궁합이 잘 맞을 것이다. 그들과 더 많은 일을 하고 싶다면 집중해야 할 대상이 생긴 것이다. 파레토 법칙을 활용하면 비효율적인 시간이 줄어든다. 그렇게 될 경우 20%의 우수고객에게 더 많은 시간을 투자할 수 있다. 최상의 서비스를 제공하면 고객은 당신에게 본능적으로 더 많은 것을 제공하고 싶어질 것이다. 마케팅이 저절로 되는 것이다. 우수고객은 우리가 더 찾고자 하는 20%의 고객과 어울리게 되어 있다. 고객을 차별화해란 뜻은 아니다. 기본적인 서비스는 공평하게 제공하되 VIP고객에 대하여는 최대한의 우대하는 전략을 새해 마련해보길 바란다. 파레토 분석을 통해 모두 다 2020년 보다 더 많은 시간과 부를 축적하고 이를 다시 원동력 삼아 더 큰 사업을 키워보자.

생의 한가운데

사업하기 전에 미처 몰랐던 '소득공제 혜택'

이 병 은   포도나무 법무사

치과의사 A씨가 벤처회사에 투자했는데 전환사채등기를 해야한다고 문의를 해왔다. A씨는 전환사채에 대해 왜 물어봤을까? 궁금해지기 시작했다.

"전환사채등기가 왜 필요한가요?"

"소득공제용 투자확인서를 발급받기 위해서죠"

더 궁금해졌다. 의문점을 찾아가는 과정은 흥미롭다.

먼저 전환사채를 알아보자. 회사는 돈이 필요할 때 사채를 발행한다. 새로운 분야의 사업을 시작하거나, 회사의 장기적인 성장을 위해서 연구개발비가 필요하다. 특히 신기술개발을 위해서는 자금이 더 필요할 것이다. 은행에서 돈을 빌릴 수 있지만 여간 까다로운 게 아니다. 대출 조건에 합당해야만 한다. 담보를 제공해야만 하고 대출 심사를 통과해야 돈을 빌릴 수 있다. 그래서 회사는 은행대출보다 가능하면 사채발행을 선호하는 것이다.

회사가 사채발행에 성공한다면 투자자인 사채권자의 현금은 회사로 흘러 들어가게 된다. 회사는 이 자금으로 성장 동력을 찾는다. 이러한 사채에 전환권이 부여된 것이 전환사채라고 할 수 있다. 사채의 만기일이 3년 이라면 3년 후에 사채에 투자한 투자자는 권리를 선택해야 한다. 현금으로 돌려 받아도 된다. 아니면 회사가 가지고 있는 주식으로 전환해 달라고 할 수도 있다. 2가지 중에 한가지를 선택할 수 있다.

다음으로 소득공제에 대해 알아보자. 필자가 근로 소득자였을 때는 큰 관심이 없었다. 그냥 기본공제에다 신용카드와 현금카드를 썼고 종교단체에 기부금을 내면 소득공제에 도움이 돼서 세금을 덜 낼 수 있다는 게 전부였다. 이제 개인사업자가 되고 보니 세금에 대해 알아야 할 게 많아 졌다.

사업을 하게 되면 수입이 발생한다. 매출액에서 필요 경비와 인건비, 부과세를 제하고 나머지가 본인의 수입이라면 얼마나 좋을까? 하지만 세금은 이렇게 간단치가 않다. 매출액에서 필요경비와 인건비

> "신뢰할 수 있는 유망벤처기업에 투자하고 소득공제 혜택
> 더 할 나위 없는 일석삼조 세테크 지혜"

등을 제하고 남은 금액이 과세표준액이 된다. 과세표준구간을 살펴보자.

1,200만원에서 4,600만원 이하는 15%, 4,600만원에서 8,800만원 이하는 24%, 8,800만원에서 1억5,000만원 이하는 35%, 1억 5천만원부터 3억원 이하는 38%, 3억원에서 5억 이하는 40%, 5억원에서 10억원 이하는 42%, 10억원 초과분은 45%의 세금을 내야한다. 엄청나다.

매출이 늘면 모든 것이 해결되겠지 하는 안이한 마음에 변화가 찾아왔다. 사업이 성공하려면 매출을 늘리기 위한 영업이 중요하다. 하지만 무엇보다도 이익이 많이 남아야 한다. 더 많은 이익을 내려면

반드시 소득공제에 대해 관심을 가져야 한다. 사업하기 전에 미처 알지 못했던 소득공제 대상을 찾아낸다면 이이가 늘어날 게 분명했다.

치과의사 A씨 덕분에 소득공제와 전환사채 공부를 톡톡히 하게 되어 신이 났다. 궁금증은 조세특례제한법에서 답을 찾았다. 제16조 제1항에 소득공제 규정은 '거주자가 2022년 12월 31일까지 벤처 인증을 받은 기업과 개인투자조합에 출자한 금액을 벤처기업 또는 이와 준하는 창업 후 3년 이내의 중소기업으로 대통령령으로 정하는 기업에 투자한 경우에 소득 공제 금액을 받을 수 있다'고 되어 있다. 이렇게 투자한 투자자는 3,000만원까지는 100%, 5,000만원까지는 70%, 5,000만원 초과는 30%의 상당하는 금액을 출자일 또는 투자일에 속하는 과세연도의 종합소득금액에서 공제받는다. 빙고!

이후 A씨는 개인투자조합을 통해 벤처 회사에 투자를 했고 소득공제 혜택을 받게 되었다. 개인투자조합도 벤처회사에 자금을 투자하면서 전환사채등기라는 고객의 법적인 권리보전 절차를 취하였다. 물론 벤처기업에 투자한 투자자는 불인회 수 있다. 말 그대로 투자이기 때문이다. 그러나 그 기업에 대해 잘 알고 있다면 얘기는 달라진다.

신뢰할 수 있는 유망벤처기업에 투자를 하고 소득공제 혜택까지 받는다면 더 할 나위 없는 일석삼조 세테크 지혜이닌가?

생의 한가운데

서브웨이(SUBWAY)와 이랜드의 첫걸음이 궁금하다

이 병 은   포도나무 법무사

'천리길도 한걸음부터'란 속담이 있다. 사업도 마찬가지다. 사업을 막 시작하려는 사람에게 귀한 사례를 소개하고자 한다.

1965년 17세의 프레드 드루카는 처음 레스토랑 프랜차이즈에서 샌드위치를 판매하면서 '서브웨이(SUBWAY)'의 CEO가 되었다. 나는 이런 회사의 성공스토리를 좋아한다. 현재 60개국 1만5,000개의 매장에서 연 매출 3조 원을 올리고 있다. 당시 그는 고등학교를 갓 졸업해 사업체를 운영해본 경험도 없었다. 그는 학자금을 벌기 위해 1,000달러를 빌려 식당을 열었다. 그가 성공한 비결은 무엇이었을까?

많은 성공 요인이 있을 것이다. 그는 "누구든 작은 기업을 운영하는 과정에서 미래의 성공을 견인할 수 있는 중요한 원칙을 배우게 된다. 찬란한 결실을 바란다면, 작게 시작하는 것이 최선의 길임을 기억하라"라고 말한다. 그는 사업을 작게 시작해 크게 키웠다. 그를 두고 모두가 어렵다고 하고 사업 아이템도 좋지 않다고 했지만, 그는 작게 시작했기 때문에 성공에 이를 수 있었다. 또한 '이랜드' 박성수 사장은 어떠한가? 그는 이대 앞 보세 옷 가게 '잉글런드(England)'를 론칭하여 오늘날 최고의 기업으로 일군 사람이다. 5년간 근육무력증이라는 병과 싸웠고, 간신히 기력을 되찾은 그는 동대문 시장에서 처음 옷을 사다가 팔았다. 매출이 거의 없었던 가게를 오늘날 최고의 기업으로 성장시킨 비결은 무엇이었을까? 작은 2평의 가게에

서 최선을 다했기 때문이다. 빌린 돈 500만 원으로 2평 남짓한 가게에서 시작했지만, 그곳에서 사업의 모든 것을 터득했다. 그는 "다른 제품보다 질 좋은 제품을 다른 이들보다 싸게 팔아야 한다"는 것을 알았다. 작은 곳에서 많은 것을 배울 수 있었다. 실패는 중요하지 않았다. 고객을 위해 무엇을 해야 하는지 쉽게 알 수 있었고, 2평의 사업장에서 사업의 본질을 알았다.

사업을 시작한다면 첫 업무는 어떠해야 할까? 그 시작은 어린아이와 같다고 할 수 있다. 어린 아기가 이제 겨우 걸음마 연

"작게 시작하는 것이 최선의 길 작게 시작하더라도 목표와 꿈이 크면 된다"

습을 하고 있다면 쉽게 넘어지는 것은 당연하다. 넘어지더라도 크게 다치지 않으면 쉽게 일어날 수 있다. 세심하게 주의를 기울이고 첫걸음은 천천히 작게 내디뎌야 한다. 사업의 첫 시작을 작게 시작해야 하는 이유와 같다. 실패하더라도 다시 일어서기 위해 작게 시작해야 한다. 작게 시작하면 많은 이점이 있다. 이윤의 원인을 찾아내기 쉽고, 비용이 거의 들지 않으며, 조금만 아끼고 절약하면 이익률은 크게 올라간다. 불필요한 비용과 지출이 쉽게 파악되기 때문이다. 거래처와의 신용이 왜 중요한지, 고객이 진정으로 원하는 것이 무엇인지 쉽게 파악할 수 있다. 매출은 당

연히 올라갈 것이다. 작게 시작하면 실패에 대한 두려움이 없어지고, 쓰러져도 쉽게 다시 일어날 수 있다. 핵심을 파악할 수 있으면 사업은 쉬워진다.

처음부터 사업을 크게 시작하면 어떻게 될까? 엄마가 어린아이를 등에 업고 빠르게 걷고 뛰고 있다면 모든 게 쉽게 생각된다. 어린아이는 자신이 걷고 뛰고 있다고 착각하게 된다. 어린아이가 훌륭하게 성장하려면 많은 시간이 필요하고, 음식을 골고루 먹으면서 근력을 키워야 한다. 키가 커야 하고 가다가 넘어지면 일어나는 연습도 필요하다. 사업에서도 마찬가지다. 처음부터 크게 시작하면 자신의 능력이 과대 포장될 수 있다. 실패에 대한 대비가 없다면 회복하기 어려운 상황이 온다. 작게 시작해 본질을 파악하

는 것이 더 빠른 길이고 크게 되는 길이다. 물론 사람마다 환경에 적응하고 발전하는 모습은 다르다. 그동안 성공적인 삶을 살아온 사람은 이 과정을 생략하기도 한다. 그러나 이제 사업을 시작하려고 한다면 자신이 준비한 전략이 빠르게 사업에 적응할 수 있을지 판단하여야 한다. 얼마만큼 준비했고 그 준비가 철저했는지에 따라 사업 성공 여부가 달려 있다.

처음에는 작은 사무실에서 사업을 시작하더라도 목표와 꿈이 작은 것이 아니다. 사업이 얼마나 성장하기를 꿈꾸는지, 어떤 아이디어와 혁신적인 생각을 하고 있는지가 중요하기 때문이다.

생의한가운데

목표가 있어야 성공이 보인다

이병은　　포도나무 법무사

제3의 찻집, 스타벅스는 어떻게 탄생했을까?

스타벅스의 회장 하워드 슐츠(Haward Schultz)는 1983년 출장 간 이탈리아에서 스타벅스의 운명을 바꿀 경험을 하게 된다. 그곳은 바로 쉽고 빠르게 커피를 즐길 수 있는 '에스프레소 바'였다. 이탈리아인들은 길거리에서 바로 마시고 떠나는 문화였다면 미국인들은 동네의 작은 식당에서 커피를 즐기는 문화였다. 여기서 슐츠는 '제3의 찻집' 문화를 일굴 기회를 찾았다. 직장과 가정 사이에 사람들이 쉽게 모일 수 있는 장소로 카페를 만드는 것이었다. 손님들이 굳이 바에서 커피를 마시지 않도록 의자를 놓았다. 의자에 앉아 노트북으로 일할 수 있는 공간을 원하는 미국인들의 마음을 간파한 것이다.

그 광경을 본 순간 하워드는 커피 사업을 시작해야겠다고 마음먹었다. 그는 다음과 같이 자문했다. 커피를 좋아하는 사람들이 카페를 찾는 이유는 단지 커피 맛 때문일까? 그것뿐만이 아닌 다른 데에 이유가 있지 않을까? 그게 무엇일까? 어쩌면 카페가 가진 공간적 특성이 아닐까? 그렇다면 커피 향이 나는 쾌적한 공간을 제공해주면 되겠다고 생각했다. 좋아하는 사람들은 관심 있는 주제를 가지고 소통하기 위해 모일 것이다. 모임을 갖기 위해선 특정장소가 필요하다. 그곳이 바로 카페인 것이다. 커피 맛이 최고라 할 수 있는 이탈리아 에스프레소 바에서 어느 날 갑자기 세계 최대 커피 체인점을 생각해낸 것이다.

에이미 윌킨스의 『크리에이터 코드』에서는 이런 하워드 슐츠의 모습을 두고 태양새 형 크리에이터'라고 부른다. 한 분야에서 뛰어난 성과를 낸 사람은 전혀 새로운 분야의 일을 시작하고 빠르게 지식을 습득하고 성취를 이뤄낸다. 기존의 성취과정에서 생겼던 경험들을 다른 분야에 쉽게 적용하고 응용한다. 태양새가 이곳저곳 돌아다니며 꽃에서 꿀을 빨듯이 슐츠도 여러 분야에서 창조적 아이디어를 생산해 낸 것이다.

성공의 원천은 바로 상상력과 창의력이다.

현대그룹 정주영 회장이 서산간척사업에서 방조제 양 끝에 70m를 남겨둔 물막이 공사에서 폐유조선을 이용해 공사를 성공시켰다. 유조선으로 물막이 공사를 하는 것은 기상천외한 공법이었다. 이 공법으로 현대건설은 280억 원의 공사비를 절약했고, 공사 기간을 36개월이나 단축했다. 그가 가진 성공의 원천은 바로 상상력과 창의력이다.

그는 가고자 하는 길이 명확했고 현장을 통해 무엇이 필요한지 정확히 파악하고 있었다. 그는 어디로 가야 할지 목표를 정했고 빨리 정확하게 가는 방법을 찾아냈다. 가고자 하는 목표를 정했고 계속해서 길을 찾아 나선 것이다. 그러나 사업하는 사람들은 하루하루가 바쁘다. 하고 싶은 관심 분야를 찾아 고민을 해결해야 하지만 쉽지 않다. 흘러가는 시간을 잡을 수도 없는 노릇이다. 우리는 원하고 바라는 것을 이루기 위해 목표를 정해야 한다. 목

표를 정했으면 지혜를 모아서 성과를 내야 한다. 하워드 슐츠도 세계 최대의 커피 체인점이란 목표가 있었기에 성과를 낼 수 있었다. 목표가 있다는 것은 물고기를 잡기 위해 그물을 쳐 놓은 것과 같다. 그물을 쳐 놓지 않으면 물고기는 잡히지 않는다. 목표가 있으면 문제가 보이고, 문제를 해결하다 보면 우리는 그곳에서 창의적인 생각을 하게 된다.

사업을 시작하려면 많은 것을 고민하게 된다. 시작은 언제 해야 하며 무엇을 준비해야 할 것인가. 선택하고 판단해야 할 일들이 많다. 한 분야에 성공을 이룬 사람들은 또 다른 분야를 시작하더라도 빠르게 성공에 이르게 된다. 목표를 정했고 어느 곳에 선택과 집중을 해야 할지 알고 있기 때문이다.

시간은 누구에게나 공평하게 주어진다. 목표를 정했으면 우선순위를 정해야 한다. 목표와 관련된 중요한 일부터 처리하고 우선순위에 밀리는 일은 뒤로 미뤄야 한다. 정주영 회장도 서산간척 사업을 성공시켜야 하는 목표가 있었나. 어릴 적 부모님의 소 판돈을 가지고 서울로 상경해서 성공했다. 자신을 반듯하게 키워주신 부모님께 농사를 지어 보답해 드리려는 목표가 있었다. 목표가 있는 사람이 성공할 확률이 높다. 성과를 내려면 모든 것을 잘하려는 마음을 내려놓아야 한다. 잘할 수 있고 집중할 목표가 생겼다면 그 다음부터는 몰입해야 한다. 몰입하기 위해서는 중요하지 않은 것들을 버려야 한다. 그래야 길이 보이고 성공이 보이기 때문이다.

생의 한가운데

사업도 입시전략처럼 한 우물을 파라

이 병 은   포도나무 법무사

가을은 수확의 계절이다. 입시의 계절이기도 하다. 누구나 열매를 많이 거두고 싶어하고 원하는 대학에 진학하고 싶어 한다. 농부든 수험생이든 사업가이든지 간에 수많은 경쟁자와 차별화하려면 무언가를 줄이고 한곳에 집중할 수 있어야 한다. 필자는 사업가에 한정하여 말하고자 한다. 사업 분야를 줄여야 한다면 어떻게 하겠는가. 어떤 것을 줄이고 어느 곳에 집중하겠는가. 그 한 가지에만 집중하면 매출이 줄어들고 사업이 힘들어지겠는가? 그렇지 않다. 오히려 매출이 늘고 많은 고객을 확보할 수 있다.

어떤 사람에게 최선을 다했을 때를 생각해 보라. 그 사람은 최고의 고객이자 충성도 높은 고객이 된다. 충성도 높은 고객을 만나면 사업가 역시 마음이 움직인다. 고객을 만족시키는 일이 사업가가 얻는 이익과 일치하기 때문이다. 그 고객도 사업가를 위해 더 많은 고객을 소개해 준다면 사업가는 행복한 비명을 지를지도 모른다.

그러나 한 가지 유의할 점이 있다. 충성도 높은 고객에게 더 많은 것을 주기 위해 '모든 것이 가능합니다'라고 말하면 안 된다. 왜냐하면, 충성 고객은 사업가로부터 모든 일을 다 할 수 있다는 말을 듣게 되면 제대로 할 수 있는 게 없는 사람으로 판단하고 사업가를 신뢰하지 않을 것이다. 작지만 중요한 것에 집중하지 않으면 충성도 높은 고객은 사업가에게 실망하게 된다. 평범한 사람에게서는 기대할 수 있는 게 많지 않기 때문이다.

'나는 전문가가 아닌데'라고 생각할지 모른다. 하지만 한 우물을 계속해서 파고들어야 한다. 그러면 머지않은 기간에 특정 분야에 소문난 전문가가 된다. 모든 분야를 다 잘할 수 없다. 한 분야를 정했으면 그것만을 집중해서 밀고 나가야 한다. 하나에 집중하지 않으면 결코 큰 꿈을 이룰 수 없다.

사업적 성공을 이룬 기업 중에 입시교육 관련 회사가 있다. 한때 이 회사는 코스닥에서 시가총액이 1조 5천억까지 갔었고 코스닥 전체 종목 중에서 2위까지 올라갔던 회사이다. 그 회사는 바로 메가스터디 손주은 회장이다. 그는 할머니의 헌신적인 사랑으로 교육을 받았고 최고의 대학을 나왔다. 우연한 기회에 몇 명의 학생에게 과외를 시작했다. 돈을 벌기 위한 목

> **"집중하면 매출이 줄어들고 사업이 힘들어지겠는가?**
> **오히려 매출 늘고 많은 고객을 확보할 수 있다"**

적이었지만 학생들의 성적향상을 위해 최선을 다했다. "공부는 머리로 하는 게 아니라 엉덩이로 하는 것이다"라는 유명한 말이 손주은 회장으로부터 회자되었다. 그저 돈 벌기만을 위한 목적이었다면 학생들의 성적을 조금 올려주고 많은 학생을 가르치면 많은 돈을 벌 수도 있었다. 하지만 그렇지 않았다. 몇 명을 데리고 집중했다. 완전히 공부할 수 있는 마음을 잡게 했고 엉덩이를 책상에서 몇 시간 동안 떼지 않게 했다. 몇 명의 학생에게 집중한 결과 그 학생의 성적은 수직으로 상승했다. 반에서 중간쯤 하던 학생의 성적이 전교 10등 안에 들게 된 것이다. 입소문을 탔다. 그 동네 아파트 주민들에게 소문이 났다. 학생들이 몰리기 시작했다. 그는 열정과 집중력이라는 교육의 본질을 파악하고 있었던 것이다.

소수의 학생들만 받았고, 대신 과외비를 배로 책정했다. 몇 배로 올린 과외비에도 과외를 받으려면 몇 개월을 기다려야 했다. 한 명의 학생에게 적용했던 교육방법은 다른 학생에게도 먹혀들었다. 몇 명에게 최선을 다해 영혼을 가지고 가르쳤다. 깊게 파고들었고 몇 사람에게 최선을 다한 것이다. 이렇게 몇 명으로 시작한 과외

가 학원으로 사업을 확장했고 그 학원에서도 밀려드는 학생들을 감당하지 못하는 지경에 이르렀다. 결국, 인터넷 강의로 사업을 확장하게 되었고 오늘날 엄청난 성공을 이루게 된 것이다.

당신이 동네 피자가게를 열었다고 하자. 이미 사업 범위는 피자로 한정했다. 김밥까지 팔 수는 없기 때문이다. 그리고 고객을 한정해야 한다. 당신의 고객이 아파트 한 동에 있는 주민뿐이라면 당신은 사업이 힘들어지고 업종을 바꿔야 할지도 모른다. 그러나 아파트 단지에 있는 20개 동의 주민으로 한정한다면 얘기가 달라질 수 있다. 20개 동 아파트 주민만을 위한 맞춤형 피자를 만들 수도 있다. 피자 위에 치즈로 다양한 그림을 그려 놓을 수도 있다. 모든 주문의 배달 시간을 15분 내로 해결할 수도 있다. 고객을 한정했을 때 그 고객들만을 위한 당신의 아이디어는 번뜩일 것이다.

물론 약간의 두려움이 생기게 될 수도 있다. 그리고 고객이 줄어들고 매출이 감소하게 될 수도 있고, 회사의 성장이 멈춰 위험해질 수도 있다. 하지만 어떤 단계에 맞춰야 하는지 접점을 찾으면 된다. 어쩌면 생각하는 사업 분야 중에서 더 좁혀야 할 수도 있고 조금 늘려야 될 수도 있다. 그것은 사업가의 역량에 달려있다. 사업 분야를 더 좁혔는데도 매출이 늘어난다면 완전 대박이다. 영업영역이 확장할 수도 있다. 많이 시도해보고 접점을 찾아보자. 더 줄였는데 오히려 매출이 늘어났다면 더 줄여도 된다. 줄이고 좁힌다고 결코 두려워할 일이 아니다.

단 내가 좋아하고 잘할 수 있는 일을, 좋아하는 장소에서, 좋아하는 충성도 높은 고객들과 함께하는 방향으로 줄이고 좁혀야 한다. 반드시 그 접점을 찾을 것이다. 더 줄여서 말한다. 바로 "선택과 집중이다"

'부창부수', 나란히 책 펴낸 이병은-이혜성씨 부부

■ 이병은 '창업, 4천5백 송이 포도나무로 플랜하라'
    이혜성 '완벽한 결혼 생활 매뉴얼' 발간

이종근 기자   lig@sjbnews.com

'부창부수' 이병은 포도나무 법무사 사무소의 법무사가 '창업, 4천5백 송이 포도나무로 플랜하라(행복에너지)', 이혜성 전북도의회사무처 이혜성 예산결산전문위원이 '완벽한 결혼 생활 매뉴얼(미바스북스)'를 잇따라 펴냈다.

경기불황과 함께 고용불안, 백세시대 등을 이유로 창업자들의 수가 늘어나고 있다. 고창의 희성농장 입구에는 정자가 있다. 정자에 한 남성이 앉아 있었다. 그는 한눈에 보기에도 여느 농부와는 조금 달라 보였다. 농사용 작업복이 아닌 깔끔한 외출복을 입고 있었기 때문이다. 그 모습은 농부라기보다는 록스타에 가까워 보였다. 그렇다. 나는 지금 농부가 아닌 록스타를 만나기 위해 자동차로 1시간 넘게 달려온 것이다. 내가 희성농장을 찾아온 이유는 포도농법을 배우기 위해서가 아니다. 4,500 송이 포도나무 플랜으로 사업을 시작하기 위해서다' 이 책은 창업을 준비하는 과정 중에 맞닥뜨리는 난관과 그에 따른 해답들을 제시하고 있다.

'완벽한 결혼생활 매뉴얼'은 이유 없이 행복한 부부는 없다고 강조한다. 결혼 후에도 여전히 끌리는 연인이 되는 법, 나이 들어서도 배우자와 잘 지내는 법이 있을까. 작가는 행복한 결혼생활 노하우 4가지를 소개한다. 첫째, 상대의 취미와 꿈을 존중한다. 처음엔 상대가 가진 취미와 꿈이 매력으로 보인다. 그러나 부부로 살다 보면 시간과 비용 측면에서 힘든 부분이 발생한다. 상대의 취미나 습관, 꿈을 존중하려고 노력하자. 서로가 좋아하는 일을 같이 하다 보면 새로운 취미도 개발할 수 있고, 취미를 함께 하는 파트너로서 우정도 쌓이게 된다. 또, 서로의 꿈을 존중하고 응원하고 돕는 과정에서도 마찬가지다. 서로의 꿈을 이뤄주는 디딤돌이

되는 영광은 덤이다. 둘째, 어려울 때일수록 서로 의지하고 힘이 되어준다. 부부 중 한 명에게 혹은 가족의 일원에게 좋지 않은 일이 생기면 힘든 것은 당연지사다. 그러나 이럴 때일수록 상대를 배려하고 함께 기도하며 헤쳐나가겠다는 태도가 중요하다. 여유가 사라지기 때문에 상처를 주기 쉬워지기 때문이다. 셋째, 사소한 문제라도 함께 상의하기를 강조한다. 각자 업무로 12시간 이상을 떨어져 있고, 그 시간 동안 겪는 일들이 다르다. 서로 어떤 좋은 일이 있었는지 무슨 일로 속상했는지 알고 있어야 한다. 작은 문제라도 사소한 감정이라도 공유하자는 주장이다.. 넷째, 서로의 심신 건강을 챙긴다. 기상 시간, 취침 시간, 식습관, 운동, 약한 부분, 잘 걸리는 병 등 부부는 서로의 건강에 대해 알고 있어야 한다. '60대는 살갗만 닿아도, 70대는 존재 그 자체가 이혼감'이라는 말을 거부한 가운데 서로에게 오래오래 함께 살고 싶은 사람이 되자고 힘주어 말했다.

생의 한가운데

간편한 절차로 등기하는 '부동산특별조치법'

이 병 은 포도나무 법무사

지난달 5일 부동산소유권이전등기 등에 관한 특별조치법(이하, 부동산특별조치법)이 시행되었다. 1995년 6월 30일 이전에 매매, 증여, 상속, 교환 등 법률행위로 인하여 사실상 양도된 부동산과 소유권 보존등기가 되어 있지 않거나 등기부의 기재가 실제 권리관계와 일치하지 아니한 부동산을 대상으로 한시적으로 간편한 절차에 의해 등기할 수 있도록 만들어 놓은 법이라고 할 수 있다.

1995년 6월 30일 이전에 부동산을 매매, 증여, 상속, 교환했지만, 대장상 소유자가 사망해 상속인을 알 수 없을 때가 있다. 원인서류인 매매, 증여, 교환 계약서가 없어 등기하지 못한 경우도 있다. 대장은 존재하지만 등기가 되어있지 않은 부동산도 많다. '부동산특별조치법' 시행이 한 달이 되어 간다. 대상 지역마다 그 동안 실체관계가 일치하지 않아 등기하지 못했던 사람들의 관심이 많아지고 있다.

한마디로 '부동산특별조치법'의 가장 큰 특징은 부동산의 실질적인 소유자가 신청하면 된다는 것이다. 절차는 간단하다. 먼저 신청인은 보증서에 보증인(5명 중에 1명은 변호사나 법무사이어야 한다)의 도장을 받아야 한다. 두 번째는 보증서를 가지고 해당 관청에 확인서 발급을 신청한다. 마지막으로 발급된 확인서를 가지고 해당 법원 등기소에 가서 등기신청을 하면 된다.

'부동산특별조치법'에 적용되는 부동산이 있으면 보증서를 받고, 확인서로 등기신청을 하면 소유권 취득이 가능한 것이다.

하지만 등기된 이후에 이를 번복하기란 쉽지 않다. 대법원 판례가 '부동산특별조치법'에 의해 취득된 부동산에 대해 강력한 추정력을 부여했기 때문이다. 그렇다면 '부동산특별조치법'의 등기추정력에 관한 대법원 판례를 살펴보자.

등기의 추정력(적극) 판례에 의하면, 권리취득 원인인 매수일자가 원소유자 또는 전등기명의인의 사망일자보다 뒤로 되어 있거나 보증서나 확인서상의 매도인 명의나 매수일자의 기재가 실제와 달리 되어 있거나, 당시 매수인의 나이가 어리거나, 보증서에 구체적 권리변동사유의 기재가 생략되고 현재의 권리상태에 대해서만 기재되어 있는 사정 등만으로 바로 그 등기의 적법추정력이 깨어지지 않는다고 하였다.

나아가 '부동산특별조치법'에 의해 등기를 마친 자가 취득원인에 관하여 보증서 등에 기재된 것과 다른 주장을 하였다는 사유만으로 바로 등기의 추정력이 깨어지는 것은 아니라고도 하였다. (대법원 2010다78739 판결)

등기의 추정력(소극)구 부동산 소유권이전등기 등에 관한 특별조치법(1992년 11월 30일 법률 제4502호, 실효)에 의한 보증인들이 권리변동관계를 잘 알지 못한 채 등기명의인의 말만 믿고 아무런 확인도 없이, 등기명의인이 주장하는 권리변동관계

> "신청인, 보증서에 보증인 도장 받아 해당 관청에 확인서 신청 발급된 확인서 가지고 해당 법원 등기소에 등기신청"

를 보증한다는 내용의 보증서를 작성하여 주었다는 사유만으로는 그 등기의 추정력이 번복되지 않는다고 하였다.

다만 위와 같은 사정을 포함하여 제반 사정에 비추어 볼 때, 위 특별조치법에 의한 소유권이전등기의 기초가 된 보증서가 그 실체적 기재 내용이 진실이 아님을 의심할 만큼 증명된 것으로 볼 수 있다면, 그 등기의 추정력이 깨졌다고 보아야 한다는 취지로 판시하였다. (대법원 2005다2189 판결, 대법원 2004다29835 판결)

또한 보증서를 작성했던 자가 기재내용이 허위임을 자백하거나, 부동산특별조치법이 시행된 후에 등기원인 행위(매매, 증여, 교환, 상속)를 한 것으로 기재한 경우에는 등기의 추정력이 깨진다고 판시하였다.(대법원 2003다27733 판결)

위의 사례와 같이 '부동산특별조치법'에 의한 등기는 요건만 갖추면 손쉽게 등기할 수 있다. 하지만 한번 등기가 경료된 이후에는 강한 추정력이 생기기 때문에 나중에 진정한 소유자가 등기의 추정력을 깨트려서 다시 찾아오는 것이 쉽지 않다. 그렇다고 방법이 없는 것은 아니다. 실질적인 소유자가 자신의 부동산을 찾아오려면 어떻게 해야 할까. 소송을 통해 승소하여야 한다. 진정한 소유자는 해당 등기의 말소 소송을 통해 보증서나 확인서가 허위 또는 위조된 것을 입증하거나 그 밖에 사유로 적법하게 등기된 것이 아니라는 입증을 하면 된다.

새전북신문, 프로골퍼 이근영 후원 협약

프로골퍼 이근영 후원 조인식

새전북신문이 16일 본사에서 프로골퍼 이근영(20·고창북고졸)과 후원 조인식을 가졌다. 이 프로는 이번 후원에 따라 참여하는 모든 경기에 새전북신문 로고가 새겨진 모자와 의상을 착용한다. 후원은 두재균 박사의 추천으로 이뤄졌다. 지난 8월 군에서 전역한 이근영과의 라운드에서 185㎝, 95㎏의 우수한 신체조건과 드라이브 비거리 300m를 보고 성장 가능성을 알아본 것이다.

새전북신문 박명규 대표는 "전북을 넘어 대한민국 국민의 사랑을 받을 수 있는 방법 중 하나로 큰 성장이 기대되는 골프선수를 후원하게 된 것을 기쁘게 생각한다"고 말했다.

이날 행사에는 박 대표와 이 선수의 아버지 이병은 소장(포도나무법무사), 소피아여성의원 두재균 박사, 전 골프존 아카데미 팀장 이준호 프로 등이 참석했다. 이 프로는 "본인을 지도해주신 이준호 프로님과 가능성을 믿고 후원해주신 새전북신문에 감사드린다"며 "한국을 넘어 세계적인 선수로 나아갈 수 있도록 최선을 다하겠다"고 밝혔다.

이 프로는 중학교 3학년 때인 2014년 골프에 입문했다. 3년 만인 2017년 전국 주니어 골프대회에서 고등부 3위에 입상했고, 이듬해 8월 KPGA 프로테스트에 합격했다.

협약식에서는 이 프로의 지도자인 이준호 프로가 제작한 '골프선수 이근영'이란 영상이 홍보됐다. 프로골퍼가 되기까지의 꾸준한 훈련과 시련 극복과정이 담겨 있다.

그의 부모는 아들의 군 생활 동안 차례로 책을 펴냈다. 아버지는 투어프로로 성장할 좋은 시기에 가정 형편상 조기 군 입대를 한 것에 미안한 마음으로 책을 썼다고 한다. 어머니 이혜성씨도 6년간 골프선수로 키운 과정을 에세이로 담았다.

/강교현 기자

16일 새전북신문사에서 열린 프로골퍼 이근영 후원 조인식에서 참석자들이 기념 촬영을 하고 있다.

생의 한가운데

내 고장 8월은 먹포도가 익어가는 계절

이 병 은   포도나무 법무사

한 달 넘게 지속된 기록적인 폭우는 재해로 이어졌다. 농작물 피해가 이만저만이 아니다. 코로나에 이어 수해까지 겹쳐 사람들의 마음을 힘들게 하고 있다. 올해는 일조량이 적어 과일 농가의 시름도 깊다. 복숭아와 수박이 장마로 인해 당도가 떨어진 것이다. 다행히도 늦더위가 시작되어 포도는 단맛이 기대된다. 얼마 전 필자는 고창군 성송면 월계마을에서 포도농사를 짓고 있는 도덕현 농부에게 전화를 했다. 큰 피해는 없지만 그래도 장마가 너무 길어 작황이 어떨지 모르겠다고 한다. 8월 말쯤에 직원들과 희성농장을 찾아뵙겠다고 말씀드렸다.

도덕현 농부와의 고맙고도 귀한 인연이 시작된지 1년이 넘었다. 지난해 여름 필자는 창업관련 책을 마무리하고 있었다. 법조분야 창업을 준비하면서 설레는 마음과 두려운 마음에 어떤 전략으로 사업을 준비해야할지 고민이 많았다. 때마침 매년 여름철이면 뉴스에 등장하는 희성농장의 도덕현 농부가 떠오른 것이다. 한 그루에 4,500송이 포도가 열린 포도 농장을 보고 싶었다. 사업에도 적용할 수 있지 않을까 생각한 것이다.

도덕현 농부의 포도농법 성공의 비밀은 무엇일까? 그는 포도가 가진 유전적 능력을 극대화하는데 노력하였다. 뿌리기능이 좋은 묘목과 줄기기능이 좋은 묘목을 찾아 접을 붙이고 토양은 짚겨, 보리겨, 버섯배지, 표고버섯배지, 깻묵 등을 사용해 뿌리가 길게 뻗어갈 수 있게 했다. 사업전략도

비슷할 것 같았다. 자신이 잘하는 분야를 찾아 유전적 능력을 개발한다면 성공확률을 높일 수 있을 것이라 생각한 것이다. 목표가 생겼다면 성공할 수 있다는 믿음과 기다림이 필요하다. 포도농법과 사업의 공통된 성공 전략을 찾은 셈이다.

"하고자 하는 사람은 방법을 찾고, 하기 싫은 사람은 구실을 찾는다" "하(下)농은 열매만 가꾸고, 상(上)농은 토양을 가꾼다" "못할 일도 안 될 일도 없다. 지금 시작하라"

위는 도덕현 농부가 농장 울타리에 걸어

"나만의 잘 할 수 있는 유전적 능력을 찾아라"

놓은 현수막 문구다. 이 말은 창업을 준비하고 있는 나에게도 큰 힘이 되었다. 또한 〈창업, 4천5백송이 포도나무 플랜으로 하라〉는 책 내용의 소재가 되었다. 이후 도덕현 농부는 출판기념회와 개업식에 오셔서 축하도 해주셨고 나의 사업 롤모델이 되고 있다.

도덕현 농부의 이야기가 다양한 경로로 세상에 알려지고 있다. 그 중에 따님의 역할이 크다. 친환경 유기농 포도농법을 영상으로 찍어서 「도덕현 유기농 TV」로 세상에 알린다. 현재는 구독자가 4천여 명이 넘는다. 포도에 관심이 있는 농업인 뿐만 아니라 많은 분들에게 도움을 주고 있다. 전라북도 공식블로그에도 잘 소개되어 있다. 토양을 철저하게 관리하기 때문에 포도뿐만 아니라 복분자 등에도 최고의 상

품을 만들어 내고 있다. 토양을 가꾸는 도덕현 농부는 계속해서 최고의 스마트파머가 되어 승승장구할 것이다. 필자도 '포도나무'라는 상호로 개업을 했다. 초보 법무사지만 사무실에 다양한 고객들이 방문한다. 사업을 막 시작한 사람은 법인설립등기를 위해 찾아온다. 사업을 확장하거나 사무실을 옮기면 자본금을 증자하고, 본점이 전등기를 위해 온다. 돈을 빌려주고, 빌리려는 사람들이 부동산에 근저당권을 설정하기 위해 찾아온다. 부모님의 재산을 상속받기 위해서도 오고 노후를 맞은 부모들이 자녀에게 물려주기 위해서도 온다. 불경기속에서도 자산은 누군가의 필요에 따라 새로운 주인을 만나다. 일시적인 재

무가 빚이 아닌 장기적으로 희망의 빛이 되어가고 있음을 느낀다. 새 이름으로 개명하고자 찾아오는 경우도 있다. 이처럼 다양한 고객 한분 한분이 내게는 귀한 포도나무요, 포도송이다. 도덕현 농부가 자신만의 탄소순환농법을 준비한 것처럼 나도 4,500송이 포도나무 플랜을 실천하고자 한다.

이래저래 사업하기 어렵다고들 한다. 1930년대 암흑기 여름날에도 이육사 시인은 「청포도」라는 시를 통해 광복을 노래했다. 우리도 각자가 하는 사업에서, 기업에서, 일터에서 자신만의 잘 할 수 있는 방법을 찾아 최선을 다하여야 한다. 모든 사람들이 도덕현 농부의 4,500송이 포도나무 기적을 만들어가기를 바라는 마음이다.

"하고자 하는 사람은 방법을 찾고, 하기 싫은 사람은 구실을 찾는다."

생의 한가운데

개인사업자가 법인전환하기 전 알아야할 세테크

이병은　　포도나무 법무사

최근 아름답고 부러운 슈퍼리치 편지 소식을 들었다. 다음은 백만장자 83명이 지금의 경제위기를 극복할 해결책을 담은 공개서한이다. "제발, 우리에게 세금을 부과하세요. 세금을 부과하세요. 부과하세요. 그것이 올바른 선택이고, 유일한 선택입니다. 인류가 돈보다 중요합니다" 편지 작성자는 7개 나라의 백만장자들이다.

몇 천 억대의 큰 부자라면 많은 세금부과가 오히려 나라와 인류를 구하는 절호의 기회가 될 수 있을지 모르겠다. 하지만 이런 통 큰 부자는 드물다. 작은 부자라면 어떻게든 세금을 피해보고자 하는 게 인지상정이다. 요즘 부동산 시장의 상승세가 만만치가 없다. 서울 아파트 값은 계속해서 오르고 있고 지방도 풍선효과인지 부동산이 들썩이고 있다. 그래서 정부는 세금을 올려서라도 집값을 잡겠다고 선언하고 있다.

필자에게도 부동산 세금을 줄이기 위해 개인사업자의 법인전환에 대한 문의가 부쩍 늘었다. 개인사업자는 소득세와 함께 국민연금, 건강보험료, 등 간접세도 내야하고, 고소득이면 세무조사까지 받아야 하기 때문이다. 개인사업자가 법인 전환 시 고려할 것은 어떠한 것이 있을까.

먼저 개인사업자의 법인 전환 시 유리한 점을 보자.

첫째 개인사업자 소득세율 구간은 현재 6~42%이다. 법인으로 전환하면 10~25%의 법인세율을 적용 받는다. 소득이 많은 개인사업자가 법인으로 전환한다면 당연

히 이익이 된다. 두번째는 개인사업자는 지역 의료보험 가입으로 의료보험료가 비싸지만, 법인 사업자의 대표는 근로자이기 때문에 저렴한 직장의료보험 가입이 가능하다. 세 번째는 법인 대표의 급여에 대한 혜택이다. 대표의 급여와 퇴직금은 비용으로 인정받을 수 있다.

다음으로 개인사업자가 법인으로 전환 시 불리한 점을 보자.

첫째 법인으로 전환 시 수익이 발생하면

"법인으로 전환되면 반드시 세금이 줄어드는 걸까?"

대표가 자금을 임의로 인출해 사용할 수 없다. 두 번째는 개인 사업자에 비해 법인 등록이나 운영이 복잡하다. 정관 작성, 자본금 불입, 이사회 구성 등 일정한 요건을 갖추어야 한다. 세 번째는 법인사업자는 자본금 이내에서 유한책임을 지게 되며 배당에 의해서만 이익을 분배받을 수 있다.

최근 정부는 부동산 폭등을 잡기 위해 7. 10.부동산 대책을 내 놓았다. 들여다보자.

첫번째는 종합부동산세다. 현행 0.6% ~ 3.2%구간이었지만 앞으로 1.2% ~ 6.0%로 모든 구간에서 2배 이상으로 올렸다. 단 매물을 늘리기 위해 종합부동산세와 양도세는 2021. 6. 1.까지 시행을 유예한다.

두번째는 양도세다. 단기 양도 차익을 환수하기 위해 보유기간 1년 미만일 경우는 40%였지만 앞으로는 70%로 오른다. 보유기간이 1년에서 2년 미만일 때는 기본세

율(6~42%)이었지만 앞으로는 60%로 오른다. 규제지역 및 다주택자도 마찬가지다. 기본세율(6~42%)+2주택자는 10%에서 20%로 오르고, 3주택 이상은 20%에서 30%로 오른다.

마지막으로 취득세 인상율이 인상적이다. 1주택자는 현행 1~3%에서 변하지 않았다. 그러나 2주택자는 현행 1~3%에서 8%로, 3주택자는 현행 1~3%에서 12%로, 4주택자는 현행 4%에서 12%로 오른다.

그렇다면 법인사업자는 어떻게 변할까? 법인이 부동산을 취득하면 현행은 1~3%의 취득세를 납부하면 되었다. 그러나 7. 10.대책에서는 법인의 부동산 취득세도 12%로 올렸다. 또한 개인에서 법인으로 전환을 통한 세부담 회피를 방지하기 위해 부동산 매매. 임대업 법인은 현물출자에 따른 취득세 감면혜택(75%)이 폐지되었다.

그렇다면 법인전환시 주의사항도 체크해 봐야한다. 국세청은 법인으로 전환한 고소득 개인사업자에 대하여 철저한 감시와 검증을 하고 있기 때문이다. 단순히 세금을 줄이기 위해서라면 법인전환을 재고해 봐야한다. 또한 법인사업자의 경우 자녀에게 가업을 승계할 때 절차가 복잡하고 세금부담이 커지므로, 재산분배와 사전증여 등을 미리 계획하고 상속세와 증여세를 절감하는 방법을 찾은 후 법인전환을 고려하는 것이 좋다. 개인사업자의 상황에 따라 장단점을 따져보고 적합한 방법을 선택하는 것이 중요하다.

생의 한가운데

권리위에 잠자는 자는 특조법도 안돕는다

이 병 은   포도나무 법무사

부동산 소유권이전 특별조치법에 관한 문의가 부쩍 늘었다. 자신의 소유가 맞지만 현실적인 어려움으로 등기하지 못했던 부동산에 대해 구제의 길이 새롭게 열렸기 때문이다.

이 법은 부동산등기법이 정해놓은 절차와 서류를 구비하지 못해 등기할 수 없었던 부동산을 간단한 절차에 의해 등기할 수 있게 만들어 놓은 법이라고 할 수 있다. 그래서 사람들이 시행일이 다가올수록 관심을 가지고 기다리고 있는 것이다.

먼저 자신의 땅과 건물이 이 법의 적용대상이 되는지 알아야 한다. 지역마다 적용대상이 다르기 때문에 해당 부동산이 적용대상 지역인지가 중요하다. 해당 부동산(토지 및 건물)이 소재하고 있는 지역이 첫째, 읍·면 지역에 해당하면 이 법 적용대상이 된다. 둘째, 인구가 50만 미만의 시 지역은 건물과 대지는 적용되지 않고, 농지 및 임야만 해당이 된다. 그리고 마지막으로 광역시 및 인구 50만 이상의 시 지역은 1988년 1월 1일 이후에 직할시, 광역시 또는 그 시에 지역으로 편입된 농지 및 임야만 해당이 된다.

해당 부동산이 여기까지 적용 대상에 포함 된다면 일단 관심을 더 가져보자. 첫 번째 관문을 통과했다고 안심할 단계는 아니다. 두 번째 관문을 통과해야 한다. 이 법 적용 대상의 부동산이 되려면 다음의 두 번째 조건을 충족해야 한다. 부동산의 거래행위가 있었던 시점이 1995년 6월 30일 이전이어야 한다. 거래 행위가 1995년 6월 30일 이후에 있었다면 해당되지 않는다.

거래행위란 매매, 증여, 교환 등의 법률행위를 의미한다. 이러한 법률행위로부터 사실상 양도 받고, 상속 받은 부동산(미등기 부동산 포함)이어야 한다. 물론 소송중인 해당 부동산은 적용대상에서 제외된다.

이 법 적용 부동산이 두번째 관문을 통과했다면 축하할 일이다. 이제부터는 이 법 적용대상이 될 확률이 굉장히 높아졌다. 이제 부터는 정신을 바짝 차려야 한다. 절차만 남아 있기 때문이다.

"오는 8월, 부동산소유권이전등기 등에 관한 특별조치법 시행"

절차는 간단하다. 이 법 적용 부동산이 나의 소유의 부동산이 맞다는 해당관청의 확인서만 있으면 된다. 이 확인서를 가지고 해당 법원 등기과나 등기소에 가서 신청하면 자신의 소유의 부동산이 된다.

그런데 뭔가 찜찜하다. 이렇게 쉽고 간단하면 좋겠지만 세상일이 그리 쉬웠던가? 간단한 절차 속에 세세한 관문이 더 숨어 있다. 해당관청의 확인서를 발급받으려면 5명이나 되는 보증인의 관문을 통과해야 한다. 5명의 보증인의 관문을 통과하려면 보증인에 대해 알아야 한다. 어떤 사람이 보증인이 될까. 보증인만 잘 설득한다면 모든 것이 잘 해결될 수 있을 텐데.

보증인은 해당 부동산 소재지의 시·구·읍·면장이 위촉한 사람이다. 보증인은 해당 부동산 소재지에 일정한 기간 이상 거주하고 있는 사람이어야 하고, 5명의 보증인 중 1명은 반드시 변호사·법무사의 자격이 있는 사람이어야 한다. 점점 어려워지고 있다고 느낄 것이다. 한두 명도 아니고 5명

씩이나 어떻게 해야 하나. 또한 변호사와 법무사가 포함되어 있다니 간단하지 않겠다 생각할 것이다.

이제 보증인을 설득해야 하는 일이 남아 있다. 보증인도 중대한 과실로 허위의 보증서를 작성하면 처벌 받을 수 있기 때문에 직접 대면하고 사실인지를 확인할 것이다. 어렵겠지만 자신의 재산권 행사가 쉽지 않다는 것을 미리 알고 시작할 것이기 때문에 좀 더 방법을 찾고 기억을 살리면서 보증인을 설득해야 한다. 왜냐하면 자신의 소유가 맞고 자신의 명의로 등기를 완료해야하기 때문이다.

드디어 어렵게 보증을 받았다면 해당관청에 신청을 하면 된다. 이제는 신청을 받은 해당관청도 해야 할 일이 있다. 등기명의인 또는 그 상속인(배우자, 직계존비속 및 4촌 이내의 혈족에 한정한다)에게 알려야 한다. 그리고 시·군·구·읍·면 동·리의 인터넷 홈페이지 및 사무소의 게시판에 2개월간 공고기간 안에 이의가 없다면 해당관청은 확인서를 발급해 준다.

매해 이러한 기회가 오는 것이 아니다. 무려 15년 만에 시행된 특별법이다. 이번 2년간 한시적으로 적용되는 시기에 반드시 해결해야 한다. 자신의 권리를 찾아야 한다. 그간 부동산 등기법 절차가 까다로워 권리행사를 못했다. 이번 기회에 특별법을 활용해 어려움을 해결하면 된다. '권리위에 잠자는 자는 보호받지 못한다'는 명언이 자신에게 적용될 수 있다는 사실을 명심하자.

생의 한가운데

글로벌 시대, 2중 국적으로 생긴 일

이 병 은   포도나무 법무사

5월 하순부터 고 3이 등교하니 아침 출퇴근길에 젊은 학생들이 보여서 활력이 돈다. 대학거리도 젊은이들이 점차 눈에 많이 띄어 기쁘다. 대학교 신입생들의 가슴은 얼마나 설렐까? 그런데 한 대학 신입생이 심각한 고민에 빠졌다. 조만간 미국을 가야하는데 코로나 외 한 가지 근심이 더 있다고 한다. 학생 부모에게 그 사연을 들어봤다.

학생은 이중국적자였다. 이중국적(복수국적)이란 둘이상의 국적을 갖는 것을 의미한다. 글로벌한 현대사회에서는 이중국적이 유리한 경우가 많아 쉽게 어느 하나를 포기할 순 없다.

의뢰인은 대학교수다. 그는 20년 전 미국 펜실베니아주에 있는 대학 교환교수로 2년간 재직했다. 그때 둘째아이가 태어나 미국 국적을 취득하였다. 이후 아들과 함께 한국으로 돌아왔다. 둘째는 어느덧 자라 지금은 국내 의과대학교 1학년이 되었다. 우리나라는 만 20세가 되면 복수국적을 가질 수 없다. 의뢰인의 아들이 만 20세가 나가오자 이중국적 문제가 생겼다. 2년 이내에 국적 선택을 해야한다. 선택하지 않으면 선택명령을 받게 되고 다시 1년 이내에 국적을 선택하지 않으면 한국국적은 당연 박탈된다.

의뢰인의 아들은 미국국적을 포기하고 싶지 않았다. 또한 한국국적이 박탈되는 것도 원치 않았다. 다행이 '외국국적 불행사 서약'이란 제도가 있다는 것을 출입국관리사무소 방문을 통해 알게 됐다. '외국국적 불행사서약'이란 국내에 있을 때 미국국적의 권리를 행사하지 않겠다는 서약이다.

이 서약을 하고 확인서가 발급되면 당연히 국내에 체류 중에는 미국국적의 권리를 행사할 수 없고 우리나라 국민으로서의 권리만이 있을 뿐이다. 아들이 미국에 여행 중이거나 거주하고 있을 때는 미국국적은 계속 유지되고 미국 시민권자로 남을 수 있다.

> "점차 늘어나는 2중국적, 다국적 시대 국제사회에서 인정받는 인재로 성장했으면"

의뢰인의 아들은 '외국국적 불행사 서약' 제도를 활용해 서약하고 확인서 발급을 위해 출입국 관리사무소에 들렀다. 그런데 또 다른 문제가 발생했다. 미국 여권 및 출생증명서 상의 출생지 및 출생연월일과 한국의 호적관서에 신고 된 출생지 및 출생연월일이 달랐다.

의뢰인은 이를 바로잡기 위해 법무사사무소를 찾아왔다. 다르게 기재된 이유는 2001년 당시 의뢰인의 아버지 (아들의 할아버지)가 한국에서 호적관서에 출생신고를 하면서 사실과 다르게 신고한 것이다. 정확한 출생 날싸와 출생 상소를 기재하여 신고해야 했지만, 서류가 복잡하고 까다롭다고 생각하고 한국에서 출생한 것으로 신고한 것이다. 생년월일도 두 달 늦게 신고 되었다. 결국 출생지가 '미국'이 아닌 '전주시 완산구 은행로 00 번지'로, 출생일시는 '2001. 2월'인데 '2001. 4월'로 기재되었다.

미국여권과 한국여권에 출생연월일이 다르게 기재되어 있다면 어떻게 될까? 많은 복잡한 문제가 발생한다. 국내출입국절차상 문제는 없다.

그런데 미국에서 한국으로 출국시에 미국출입국절차가 문제가 된다. 항공권 예약을 한국여권으로 한 경우 미국여권과 한국여권을 함께 보여줘야 한다. 이때 두 개의 여권을 비교해 동일인임을 증명해야 한다. 미국이름과 한국이름은 다를 수 있다. 그러나 반드시 생년월일은 같아야 동일인임을 소명할 수 있다.

이런 상황에서 아들의 생년월일을 미국여권과 시민권증서에 맞춰 한국의 생년월일을 변경하고 싶다고 의뢰가 온 것이다. 방법과 절차는 어떻게 될까?

이런 경우 법원에 등록부정정허가신청을 해서 법원의 허가를 받는다면 한국의 생년월일을 미국 여권에 등재된 생년월일로 일치시킬 수 있다. 처리기일은 보통 2개월 소요된다. 필자는 학생의 딱한 심정을 고려 최대한 신속하게 처리했다. 일치된 서류를 받아든 의뢰인 얼굴의 환한 미소는 나를 기쁘게 했다. 그의 아들이 한국과 미국사회를 넘어 국제사회에서 인정받는 명의로 성장하여 코로나와 같은 신종 질병퇴치에도 혁혁한 공을 세우길 바란다.

'부부의 날' 함께 읽으면 좋을 책

이혜성 '완벽한 결혼생활 매뉴얼'

결혼 후에도 여전히 끌리는 연인이 되는 법이 있을까? 나이 들어서도 배우자와 잘 지내는 법은 무엇일까?

둘이 하나가 되는 부부의 날을 맞아 행복한 결혼생활 노하우를 담아낸 책이 발간돼 화제다.

'완벽한 결혼생활 매뉴얼(미다스북스·1만5,000원)'은 남원 출생의 이혜성 작가가 20년간 아내로서 살아온 경험을 바탕으로 쓴 책이다. 아내의 입장에서 쓰인 결혼생활 안내서인 셈인데, 남편과 아들, 시어머니와 시누이, 친정 가족들과의 이런저런 이야기가 담겨 있다.

그러나 흔히 유추할 수 있는 고부간의 갈등이나 삼식이 남편 등은 절대 등장하지 않는다. 서른한 살에 결혼한 저자는 "여전히 남편이 안쓰럽고, 고맙고, 사랑스럽다"고 밝히고 있음을 명심하고, 마음을 다잡고, 페이지를 넘겨야 한다.

대부분 연애를 하다가 결혼을 한다. 결혼 생활은 연애가 아니다. 두 사람의 거리도, 상황도, 태도도, 주변과의 관계까지 모든 것이 달라지기 때문이다. 남자 친구와의 대화와 남편과 대화하는 것은 다르다. 여자친구를 사랑하는 것과 아내를 사랑하는 것은 다르다. 그러나 많은 부부들이 이것을 간과하여 다투고 헤어지기까지 한다.

이 작가는 결혼 생활은 절대 사랑만으로 완성되지 않는다고 전한다. 그러면서 결혼 생활에 필요한 대화법, 처세법, 센스에 대해 설명한다. 그 중심에는 자기 자신을 절대 잃어버리지 않아야 하는 책임이 뒤따른다. 과연 작가의 소망처럼 이 책을 읽고 결혼을 결심하는 남녀가 생겨날까?

김미진 기자

현명하고 행복한 결혼생활 어떻게 할까

이혜성 〈완벽한 결혼생활 매뉴얼〉
20년간 아내로 살아온 경험담

"결혼 생활은 어떻게 해야 할까?"

이혜성 작가가 20년간 아내로서 살아온 경험을 바탕으로 쓴 〈완벽한 결혼생활 매뉴얼〉(미다스북스)을 펴냈다. 이 책은 현명하고 행복한 결혼생활을 할 수 있도록 돕는 안내서다. 내용으로는 결혼 생활은 사랑만으로 완성되지 않고, 결혼 생활에 필요한 대화법, 처세법, 센스에 대해 설명한다.

대부분 연애를 하다가 결혼을 한다. 결혼 생활은 연애가 아니다. 두 사람의 거리도, 상황도, 태도도, 주변과의 관계까지 모든 것이 달라지기 때문이다. 남자 친구와의 대화와 남편과 대화하는 것은 다르다. 여자친구를 사랑하는 것과 아내를 사랑하는 것은 다르다. 그러나 많은 부부들이 이것을 간과하여 다투고 헤어지기까지 한다. 작가는 서른한 살에 결혼했고, 약 20년 동안 결혼생활을 지속해왔다. 그러나 여전히 남편이 안쓰럽고 고맙고 사랑스럽다. 이 책은 이런 저자가 20년간 쓴 일기를 정리하여 엮은 것이다. 남편과 아들, 시어머니와 시누이, 친정 가족들과의 이런저런 이야기가 담겨 있다.

이혜성 작가는 1969년 남원 산골에서 태어나 전주 성심여고와 전북대 국어국문학과를 졸업했다. 이후 1991년 공직에 입문하여 남원시청과 전북도청에서 29년간 사회복지, 문화관광, 인재양성, 경제산업 등 다채로운 업무를 경험했다.

최정규 기자

생의 한가운데

위기 극복의 최고 방법은 시도하고 도전하는 것

이병은　　포도나무 법무사

요즈음 산야를 바라보노라면 연초록 풀빛이 너무 아름다워서 눈이 부시다. 지난 겨울 그들은 죽은 듯이 누워 있다가 다시 살아난 것이다. 죽음에서 생명을 길어 올림은 하나의 신비다. 그렇다. 우리의 삶도 언제나 꽃피는 춘사월일 수만은 없다. 모든 것이 얼어붙어 꼼짝할 수 없었던 기나긴 동토의 계절 겨울을 견디어 내야 했음이다. 코로나19로 극심한 어려움에 처한 오늘을 잘 견디어 꼭 꽃 피고 아름다운 잎이 피는 그날을 맞이했으면 좋겠다.

성공심리학 전문가인 제임스 R. 플린은 그의 저서 『플린 이펙트』에서 지난 세기 동안 사람들의 IQ가 증가한 원인에 대해 밝히고 있다. IQ는 현재로 올수록 50년 마다 15점 이상씩 증가한다는 것이다. 실제로 100년 전의 사람들을 현재의 기준으로 평가한다면 그들의 평균 IQ는 70일 것이다. 그들의 기준에서 보면 현재의 우리의 평균 IQ는 130이 되는 것이다.

어쩌면 사람들의 지능이 향상되는 것은 당연한 일인지도 모른다. 개인적 경험과 지혜가 축적 되었고, 학습을 통해 더 똑똑해지고 현명해진다는 것이다. 뇌, 개인적인 차이, 사회적 변화 등의 다양한 요인으로 인해 앞으로도 성장 과정은 계속될 것이다.

지금은 전 세계가 위기다. 위기가 찾아왔을 때 많은 사람이 힘들어한다. 그 위기가 기회가 될지, 아니면 더 큰 위험에 빠질지 알 수는 없다. 지나간 세월을 가지고 '그 때 이렇게 대응했더라면 큰 부자가 되었을

텐데!'라고 말하는 사람들은 무수히 많았지만 그들은 과거에 대해 말하고 있을 뿐, 현재 자신의 미래를 대해 알지 못하고 어떤 결정도 하지 못한다.

사람들은 저마다 생존방식이 다르다. 물론 정답은 없다. 그러나 이 위기에 살아남기 위해서는 자신만의 생각이 필요하다. 남들과 다르게 생각할 수 있어야 한다. 수많은 주변 사람들이 위기에 대해 같은 얘

"남들이 하지 않는 것을 시도하려 한다
그 과정에서 나는 조금씩 배워갈 것이다"

기를 하고 있더라도 그것에 대해 의문을 품어야 한다. 너무 명확하고 확실한 방법을 알려주고 있다면 그것에 의문을 제기해야 한다. 앞으로 펼쳐질 미래를 예견한다는 것은 어렵고 맞출 확률이 높지도 않다. 단지 본인의 경험을 살려 해야 할 일과 하지 말아야 할 일을 분명하게 알고 있으면 된다. 의외로 위기를 대처하는 방법은 간단할 수 있다. 자신만의 길을 가는 것이다. 경제가 어렵고 하더라도 흔들리지 않는 용기가 있다면 위기를 기회로 바꿀 수 있다. 인류가 오늘날과 같이 진보할 수 있었던 이유는 끊임없이 시도한 덕분이었다. 할 수 있다고 과감히 도전했기 때문에 성과를 낼 수 있었고 해낼 수 있다는 믿음이 있었기에 가능했다.

필자는 21년간의 법원 공무원 생활을 마치고 올해 1월 법무사 개업을 했다. 바로 코로나 위기가 찾아왔다. 가족과 지인들이 걱정을 하며 안부전화를 많이 해온다. 첫

째는 사람을 못 만나니 영업활동에 지장이 있지 않느냐고? 둘째는 왜 만성동 법조타운이 아닌 효자동 동네에다 개업했냐고? 어려울수록 뭉쳐야 사는 것 아니냐고? 셋째는 SNS 광고가 효과가 있느냐는 것이다.

나는 1월 한 달간 사건현장을 찾아간 것이 아니라 홈페이지를 만들어 '포도나무 법무사'를 알렸다. 또 '법무사 TV' 유튜버가 되었다. 그 효과는 2월부터 시작되었다. 인터넷보고 전화했다며 고객에게 전화가 온다. 신기하고 기분이 좋아진다. 서울에서도 전화가 오면 최선을 다해 상담을 해주기도 한다. 또한 블로그에 '전주 법무사' 검색을 하면 화면 상단에 '포도나무 법무사' 글이 올라와 있다.

사무실도 법원 옆이 아닌 효자동 중심 주택가에 자리하고 있다. 오가는 손님과 동네 아파트 어르신들이 오다가다 간판보고 왔다며 호기심을 갖고 찾아오신다.

3월에는 생각지도 않게 매출이 조금 올라 직원들과 첫 회식을 했다. 창단 멤버로 끝까지 가자고 했다. 우리는 유비, 관우, 장비가 맺었던 '도원결의'처럼 '포도나무 결의'를 다졌다. 직원들은 업무에 빠르게 적응해 가고 있다. 어쩌면 지금의 위기가 나를 더욱 단단하게 만들었는지도 모른다. 지금은 예비법무사를 위한 법무사 창업 세미나를 준비하고 있다. 남들이 하지 않는 것에 도전하고 시도해보려 한다. 그 과정에서 나는 조금씩 배워갈 것이다. 위기와 두려움을 이겨내는 것은 시도하고 도전하는 것이라고 믿기 때문이다.

생의 한가운데 ──────

유언대용신탁

이 병 은   포도나무 법무사

나라안팎 온 세상이 바이러스의 공포 속에서 위기감으로 경기가 꽁꽁 얼어붙고 있는 상황임에도 산천에서는 매화와 산수유 등 봄꽃들이 피어나고 있다. 추운 겨울엔 봄이 언제 오려나 아득해 보여도 시간이 흐르면 봄은 어김없이 우리 곁을 찾아와 언 마음을 녹여준다. 코로나 바이러스19도 언젠가 끝날 것을 의심하는 사람은 없다. 최근 코로나19 영향으로 사회활동이 위축되면서 불안감이 확산되고 있다. 이 위기가 언젠가는 끝날 것이다. 그러나 그 끝나는 시점을 알 수가 없다. 그래서 사람들은 더 불안해한다.

우리의 인생도 마찬가지다. 언젠가 죽는 날이 온다. 그러나 죽는 날을 알고 있는 사람은 없다. 죽는 날을 모르기에 평균수명 100세 시대를 믿고 오히려 죽음을 대비하지 않는다. 죽음을 대비하는 얘기가 생소하게 들릴지 모른다. 물론 죽으면 끝이라고 생각하면 간단하다. 그러나 죽고 난 이후에 자녀들이 자신의 재산을 가지고 소송을 하고 다투면서 원수가 되기를 바라는 사람은 없다. 부모가 대비하지 않고 자신의 재산을 그대로 둔 채 사망했다고 생각해보자. 최근 대한항공의 조양호 회장의 사례에서 보듯이 사망 이후에 자녀들의 경영권과 재산분쟁이 생길 확률은 높아진다. 그렇다고 미리 자녀에게 모든 재산을 물려주기도 찜찜하다.

10여 년 전 팝스타 마이클 잭슨이 갑자기 숨진 사건이 있었다. 그런데 사후 유산분쟁이 있었단 얘기를 들어보지 못했을 것이다. 그것은 '유언대용신탁' 계약 덕분이다. 마이클 잭슨은 굉장히 많은 재산이 있었지만, 유산분쟁이 없었던 이유는 자신의 재산관리자

인 수탁자(금융기관)와 신탁계약을 체결해 놓았기 때문이다.

마이클 잭슨이 살아생전에 체결한 신탁계약이 '유언대용신탁'제도다. 우리나라의 신탁법은 1961년 제정된 후 크게 빛을 보지 못하다가 2011년 50년 만에 처음으로 전면개정이 이루어지게 되면서 일반화되기에 이르렀다. 개정 신탁법에서 특기할 만한 사항은 상속의 대체수단으로 활용할 수 있는 신탁

"자녀들에게 모든 재산을 물려주고 대접받지 못할까 두려운가요?"

제도를 도입한 것이다. '유언대용신탁'은 위탁자(재산을 물려주는 사람)가 생전에 사망시를 대비하여 본인을 위하여 재산을 관리하도록 하고, 사후에도 자신의 재산이 자신의 뜻대로 처분되고 활용되기를 희망하는 소위 '사후 설계'라고 할 수 있다. '유언대용신탁'은 종래의 재산승계제도(법정상속, 유증, 증여, 사인증여 등)의 단점을 보완하는 제도라고 할 수 있다.

그렇다면 종래의 재산승계제도의 단점과 '유언대용신탁'의 장점을 살펴보자.

종래의 재산승계제도(법정상속, 유증, 증여, 사인증여 등)의 단점으로 먼저, 법정상속은 공유관계에 따른 리스크가 생길 수 있다. 둘째, 유증은 법에 정해진 대로 엄격히 하지 않으면 자칫 효력이 상실될 수 있다. 셋째, 증여는 증여세를 납부하여야 하고 세율이 상속세보다 높아 부담이 된다.

'유언대용신탁'의 장점은 첫째, 신탁자(재산을 물려주는 자)의 의사가 그대로 반영된다. 둘째, 민법상 엄격한 방식이 요구되지 않

아 효력의 다툼이 거의 발생하지 않는다. 셋째, 생전에 증여세를 납부하지 않아도 된다.

얼마 전 증여에 관한 문제로 찾아온 할아버지가 있었다. 두 명의 자녀를 두고 있었는데, 한 명은 어릴 적 행방불명이 되어 생사를 알 수 없었다. 나머지 한 명이 아버지를 모시고 있었다. 만약 의뢰인이 사망한다면 행방불명된 한 명의 자식 앞으로 지분 등기가 될 수밖에 없었다. 생전에는 부동산(1억 원 이하)을 증여하면 세금이 부담되는 상황이었다.

이런 상황에서 필자는 '유언대용신탁제도'에 대해 안내해 드렸다.

신탁자(의뢰인), 수탁자 겸 사후수익자(동거 자녀), 수익자(의뢰인)로 '유언대용신탁' 계약을 체결하여 의뢰 고객에게 등기를 해드렸다. 여기에서 신청 수수료와 취득세, 등록세는 5만 원 이하에서 처리할 수 있게 되어, 이 의뢰인은 수 백 만원의 세금을 절약할 수 있었다.

이제 우리도 현재를 정리하면서 앞으로의 행복한 삶을 생각해 보아야 하는 시점인 것 같다. 질곡의 세월을 거치며 몸은 아프고 늙어가지만 그동안 일구어 놓은 부동산과 현금이 있다. 그러나 일찍 자녀들에게 모든 부동산과 현금을 물려주어 자식들에게 대접받지 못한 경우를 흔히 봐왔다. 이제 우리도 살아생전과 사후의 깔끔한 생을 위하여 이제는 유언대용신탁제도를 활용해보자. 힘들고 어렵게 벌어놓은 돈을 행복하게 쓰고 살면서 사후에는 자녀들에게 합리적으로 배분해줄 수 있는 '유언대용신탁제도'를 고민해 보자! 아니 활용해보자. 더 행복한 나와 자녀들을 위하여

● '포도나무 법무사' 브랜드화 지점 설립 목표… 이병은 법무사

"안정적인 삶보다, 미래를 준비하고 싶었죠"

**21년 법원 공직생활 접고
'4500송이 포도나무 플랜…'
창업 저서 출판 '눈길'**

열정적인 삶을 살고 싶었다. 공무원으로 안정적인 생활을 영위했지만 변화가 필요했다. 가족의 반대를 무릅쓰고 21년 공직 생활을 접었다.

"영원히 지속되는 것은 없습니다. 미래를 미리 준비하고 싶었습니다."

이병은(50) 법무사의 말이다.

레드오션인 법조계에 발을 디딘 그의 표정에 두려움은 보이지 않았다. 이 법무사는 21년 법원 공직생활을 정리하고 지난 4일 전주 효자동에 포도나무법무사 사무실을 차렸다. 인근에서 가장 유명한 법무사가 되고, 차후 5년 안에 전국에 체인점을 만들겠다는 포부가 있다. 안정적인 생활을 버린 이유다.

그는 전북대 철학과를 졸업하고 지난 1997년 법원 공무원 시험에 합격했다. IMF 사태로 혼란스러웠던 시기여서 1999년에야 임용될 수 있었다. 공직 생활 대부분을 전주지법에서 근무했다.

공직 생활은 만족스러웠다. 안정적인 수입이 있었고 사회적인 대우도 충분했다. 프로 골퍼가 된 아들 뒷바라지가 힘에 부치기도 했지만 어느 가정에나 있을 수 있는 수준의 결핍이었다.

취미 생활도 영위할 수 있었다. 테니스를 오래도록 치다가 우연히 독서에 빠졌다. 연간 100여 권의 책을 읽었다.

가장 인상 깊은 책은 데일 카네기가 쓴 '카네기 행복론'이다. 카네기 행복론을 10번 넘게 읽었다. 경영자 모임이나 자원봉사 단체인 전북카

네기클럽 활동에도 참여했다. 이 클럽에서 열정적인 인사를 많이 만날 수 있었다. 이때부터였다. 변화에 대한 욕구가 구체화되기 시작했다.

그동안 읽은 책의 주요내용을 정리하다 보니 책까지 쓰게 됐다. 이 법무사가 1년6개월에 걸려 집필한

〈4천5백 송이 포도나무 플랜으로 하라〉는 그렇게 세상에 나왔다.

포도나무를 상징으로 삼은 이유는 그가 고장 한 포도농장에서 본 포도나무 때문이다. 나무 1그루에 4500송이의 포도가 열리는 것을 보고 느낀 점이 많았다. 선택과 집중을 통해 중요 아이템을 선정하고 몰두하면 여러 결실이 따라온다는 의미의 결핍이었다.

이병은 법무사는 "정성과 열정으로 의뢰인을 대하면 진심이 통할 것이다. 내가 가진 모든 능력과 인맥 등을 통해 의뢰인의 고민을 해결하기 위해 노력할 것"이라며 "5년 안에 포도나무법무사를 브랜드화 해서 전국 200개 지점을 만드는 것이 목표다"고 포부를 밝혔다. 최근 '포도나무 법무사 TV'라는 개인 유튜브 방송을 시작한 것도 이 같은 목표를 향해서다.

강인 기자

창업 성공하고 싶다면 선택·집중하라

이병은 법무사 '창업…' 출간

창업을 준비하고 있거나, 전문직 개업을 준비하고 있는 사람들을 위한 필독서가 출간됐다.

이병은 법무사가 쓴 '창업, 4천5백송이 포도나무 플랜으로 하라(행복에너지·1만5000원)'은 사업과 성공에 대해 한 솔직하고도 담백한 이야기를 담은 책이다. 올해 초 포도나무 법무사를 개업해 제2의 인생을 시작한 저자는 그동안의 어려움을 생각하며 펜을 들지 않을 수 없었다고 고백한다.

저자는 고창 희성농장에서 10년 넘게 키워온 포도나무에서 4천500송이의 포도를 수확한 한 농부의 사례를 소개하며, 창업의 과정을 포도나무 키우기로 비유한다. 총 6부로 구성된 책에서 포도나무에 접을 붙이듯 성공의 뿌리를 내

리라고 주문한다.

손주은 메가스터디회장은 추천사에서 "보다 건실한 노후를 꿈꾸는 모든 '착한 인재'들에게 있어 창업의 길은 매력적이면서 동시에 어려움을 각오하는 일이다. 이 책과 함께한다면 4천5백송이의 포도나무와 같은 수확물을 얻을 수 있으리라"고 전했다.

이병은 법무사는 머릿말에서 "사업은 계획이 있어야한다. 그 계획은 4천5백송이 포도나무 플랜이다. 포도를 재배하는 농부처럼 선택과 집중을 해야 성공확률을 높일 수 있다는 얘기다"라고 전했다.

이휘빈 기자

불길순례

박영익 지음 | 값 25,000원

이 책 『불길순례』는 외적의 침입을 가장 먼저 알리며 우리 국토와 민족을 지키기 위한 최전선에 있었던 전국 210여 개 봉화 유적을 직접 발로 뛰며 탐방한 여행기인 동시에 탐문과 자료 수집을 통해 한반도의 봉화 역사를 밝혀 낸 연구서라고 할 수 있다. 고단했던 노정의 땀 냄새, 피땀 어린 연구열이 고스란히 배어 있는 이 책은 우리에게 전국 봉화에 깃든 선조의 얼과 함께 전해 내려오는 기상과 추억을 되짚도록 도와줄 것이다.

아버지의 유산

고지석 지음 | 값 20,000원

이 책은 누구보다도 치열하게 살았던 한 사람의 인생 회고록이자 오르막길에서는 발견하지 못했던 작은 꽃을 내리막길에서 발견하며 느끼는 소중한 경이로움에 관한 이야기라고 할 수 있다. 어릴 적의 사고로 남들보다 몸이 약했지만 결코 뒤지지 않는 도전정신으로 살아온 고지석 저자의 역동적인 인생 페이지 속 인간적인 깨달음이 담긴 문장들은 독자들의 가슴에도 한 송이 작은 꽃으로 남게 될 것이다.

내 손 안의 1등 비서
스마트폰 100배 즐기기

박용기 외 8인 지음 | 값 25,000원

이 책은 스마트 사회에서 사각지대에 놓이기 쉬운 실버 세대들이 현대 사회의 필수도구인 스마트폰을 쉽게 익혀 생활에 활용할 수 있도록 안내하고 있다. 스마트폰의 가장 기본적인 기능과 어르신들에게 꼭 필요한 앱을 중심으로 다루고 있으며 사진과 함께 큰 글씨로 쉬운 설명을 곁들여 누구나 금세 손에 익힐 수 있게 구성되어 있다. 특히 실버 세대의 니즈에 맞춘 스마트폰 기능에 초점을 두고 있는 것이 특징이다.

국회 국정감사 실전 전략서

제방훈 지음 | 값 22,000원

이 책 『국회 국정감사 실전 전략서』는 저자 제방훈 보좌관이 자신의 경험과 지식을 기반으로 엮어 낸 국회의원과 보좌관들의 국정감사 전략, 공무원들의 피감기관으로서 갖춰야 할 자세, 그리고 더 나은 국정감사를 위해 국회와 정부, 기업에 던지는 미래 제언을 담고 있다. 특히 정치에 관심을 가진 일반 국민들에게는 의회민주주의의 꽃이라고 할 수 있는 국정감사의 본질과 생생한 면모를 보여줄 수 있는 책이 될 것이다.

당질량 핸드북

방민우 지음 | 값 13,000원

이 책 『당질량 핸드북』은 수많은 다이어트법 중에서도 최근 주목받고 있는 '키토제닉 다이어트'에 기반한 저당질 식이요법을 돕는 가이드북으로서 전작 『당질 조절 프로젝트』의 후속작 개념의 책이다. 실제 저당질 식단을 실천하려는 사람들을 위한 기본 개념, 우리가 먹는 주요 식재료와 음식에 포함된 당질량 수치, 저당질로 맛있는 음식을 즐길 수 있는 요리 레시피 등을 풍성하게 소개하여 당질 조절 다이어트를 실천하는 데에 실질적 도움을 준다.

그때 들키고 말 걸 그랬어

이찬우 지음 | 값 15,000원

이찬우 시인의 시는 아슬아슬하다. 대놓고 슬프다고 왕왕 울지 않고 지긋이 슬픔의 감정 너머를 바라본다. 그가 전하는 시어들은 삶이라는 뜨거운 햇빛에 부서질 것처럼 울리다가도 그것이 아프다고 말하지 않는다. 그가 겪는 애잔한 감성은 '뚜껑을 열어놓은 향수처럼 휘발되지 말아야 할' 것이며 그가 지켜야 할 무언가이기에 한결같이 아프고 아리지만 결코 버릴 수 없는 것들을 이야기한다.

하늘이여 들으라

임태선 지음 | 값 15,000원

이 책 『하늘이여 들으라』는 북한의 군사적 위협과 일본, 중국의 경제적 위협이 가속화되는 이 시점에 우리의 역사의식과 안보의식을 되돌아보게 해 주는 소설이다. 반성하는 일, 되돌이켜 보는 일. 동족 간의 피비린내 나는 전쟁을 다시는 반복하지 않기 위해 꼭 필요한 일이라고 말하는 저자는 국정농단, 대통령 탄핵, 북한 핵개발, 북미정상회담 등 굵직한 현 시대의 사건들을 종횡무진 횡단하며 최종적으로는 시베리아 횡단 열차를 타고 남북이 자유로이 교류할 수 있는 미래를 이야기한다.

귀농해서 무엇을 심을까?

김완수·박동진 지음 | 값 15,000원

이 책 『귀농해서 무엇을 심을까?』는 이렇게 한 치 앞이 불확실한 상태로 귀농귀촌을 시작하는 도시민들을 위한 종합적 귀농귀촌 가이드라인이다. 여주시 농업기술센터 소장으로 퇴직 후 귀농귀촌 컨설팅 전문가로 활동하고 있는 김완수 저자는 귀농인들의 고민사항 중에서도 가장 큰 고민 중 하나인 '무엇을 심을까?'를 메인 테마로 삼아 새로 시작하는 농업인들이 고려해야 할 주요 농산물들의 품종과 재배 방법, 재배 시 주의해야 할 점, 귀농귀촌에 필요한 마음가짐 등을 이야기한다.

인생 후반전 두려움 없이 서두름 없이

최주섭 지음 | 값 15,000원

이 책은 신체 건강이나 재산 관리, 여가나 인간관계 등 외부적 요인보다 노후의 마음건강과 자아실현과 같은 내적 요인을 핵심 주제로 다루고 있다는 점에서 남다른 가치와 차별성이 있다.

특히 세월이 지나면서 자연스럽게 내적 변화를 받아들이고 성숙해지는 지혜가 필요함을 역설하는 저자는 나이가 듦에 따라 우리 모두에게 생겨나는 자연스런 질문을 통해, 차근차근 육체의 노화와 더불어 마음의 진화를 이루어 가는 방향을 자세히 설명한다.

'행복에너지'의 해피 대한민국 프로젝트!
〈모교 책 보내기 운동〉

대한민국의 뿌리, 대한민국의 미래 **청소년·청년**들에게 **책**을 보내주세요.

많은 학교의 도서관이 가난해지고 있습니다. 그만큼 많은 학생들의 마음 또한 가난해지고 있습니다. 학교 도서관에는 색이 바래고 찢어진 책들이 나뒹굽니다. 더럽고 먼지만 앉은 책을 과연 누가 읽고 싶어 할까요? 게임과 스마트폰에 중독된 초·중고생들. 입시의 문턱 앞에서 문제집에만 매달리는 고등학생들. 험난한 취업 준비에 책 읽을 시간조차 없는 대학생. 아무런 꿈도 없이 정해진 길을 따라서만 가는 젊은이들이 과연 대한민국을 이끌 수 있을까요?

한 권의 책은 한 사람의 인생을 바꾸는 힘을 가지고 있습니다. 한 사람의 인생이 바뀌면 한 나라의 국운이 바뀝니다. **저희 행복에너지에서는 베스트셀러와 각종 기관에서 우수도서로 선정된 도서를 중심으로 〈모교 책 보내기 운동〉을 펼치고 있습니다.** 대한민국의 미래, 젊은이들에게 좋은 책을 보내주십시오. 독자 여러분의 자랑스러운 모교에 보내진 한 권의 책은 더 크게 성장할 대한민국의 발판이 될 것입니다.

도서출판 행복에너지를 성원해주시는 독자 여러분의 많은 관심과 참여 부탁드리겠습니다.

도서출판 **행복에너지** 임직원 일동

하루 5분 나를 바꾸는 긍정훈련
행복에너지

**'긍정훈련'당신의 삶을
행복으로 인도할
최고의, 최후의'멘토'**

'행복에너지
권선복 대표이사'가 전하는
행복과 긍정의 에너지,
그 삶의 이야기!

인터파크
자기계발 분야 주간
베스트 1위

권선복 지음 | 15,000원

권선복

도서출판 행복에너지 대표
지에스데이타(주) 대표이사
대통령직속 지역발전위원회
문화복지 전문위원
새마을문고 서울시 강서구 회장
전) 팔팔컴퓨터 전산학원장
전) 강서구의회(도시건설위원장)
아주대학교 공공정책대학원 졸업
충남 논산 출생

책 『하루 5분, 나를 바꾸는 긍정훈련 - 행복에너지』는 '긍정훈련' 과정을 통해 삶을
업그레이드하고 행복을 찾아 나설 것을 독자에게 독려한다.
긍정훈련 과정은[예행연습] [워밍업] [실전] [강화] [숨고르기] [마무리] 등
총 6단계로 나뉘어 각 단계별 사례를 바탕으로 독자 스스로가 느끼고 배운 것을
직접 실천할 수 있게 하는 데 그 목적을 두고 있다.
그동안 우리가 숱하게 '긍정하는 방법'에 대해 배워왔으면서도 정작 삶에 적용시키
지 못했던 것은, 머리로만 이해하고 실천으로는 옮기지 않았기 때문이다. 이제 삶
을 행복하고 아름답게 가꿀 긍정과의 여정, 그 시작을 책과 함께해 보자.

『하루 5분, 나를 바꾸는 긍정훈련 - 행복에너지』